미디어 숲에서 나를 돌아보다

미디어 숲에서
나를 돌아보다

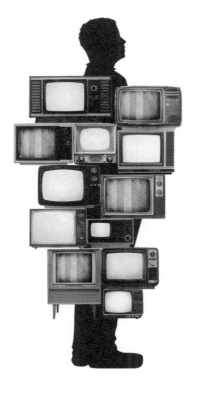

미디어 연구자 4인의 체험기

이창근
강준만
조　흡
원용진
지음

이 책은 30여 년 전 한 대학원에서 만난 네 사람이 공통의 전공인 매스미디어에 대한 각자의 체험과 기억 그리고 생각을 적은 자전적 에세이 모음집이다. 글을 쓴 네 사람은 1980년대 초 서른 전후의 나이에 미국 위스콘신-매디슨대학에서 처음 만나 강의를 같이 들었고, 강의실 밖에서 유학생으로 동고동락한 사이다. 시간을 아껴 전공 책과 씨름해야 하는 시절이었지만, 주말이면 가끔 모여 전공과 외국 생활의 애환, 이론과 현실의 괴리, 무엇보다 많은 사람의 투쟁과 희생에도 좀처럼 민주화되지 못하는 한국의 정치 상황에 대해 답답함을 토로했었다. 귀국한 이후 언론학 교수가 된 네 사람은 각자의 관심과 활동에는 차이가 있었지만, 동문수학한 친구이자 동료로 우정을 나누어왔다.

　네 사람 가운데 먼저 태어난 한 동료가 정년을 맞아 교직을 떠나게 되자 시간의 매듭을 지을 만한 흔적을 남겨야 한다는 제안에 뜻을 같이했다. 교수가 퇴직할 때는 대개 저서를 내거나 제자들이 헌정한 논문집을 받기도 한다. 그러나 남들과 좀 다른 방식으로 해보자는 데 의견이 모아졌다. 각자가 관심을 가졌던 매체를 중심으로 일인칭으로 쓰되 살아온 삶의 궤적과 체취가 묻어나게, 가급적 재미있게 써보자고 했다.

학문적 글쓰기를 직업으로 하는 사람들은 대부분 일생 동안 자신의 가치관이나 신념을 드러내지 않고 글을 쓴다. 자신의 사생활을 드러낼 기회는 거의 없다. 서구에는 자서전이나 전기가 한 장르로 정착되어 있지만, 한국인들은 자신을 드러내는 글을 남기는 데 익숙하지 않다. 은퇴한 교수들은 시간이 흐른 뒤 자신의 학문적 궤적을 회고하는 단상을 잡지에 실거나 학술지에 인터뷰 형식으로 후학들에게 남기기도 한다. 이 책은 이러한 성격의 글 스펙트럼 그 어딘가에 있을 것이다.

현재 한국에서 언론과 미디어를 전문적으로 연구하거나 이에 관해 글을 쓰는 사람은 수천 명은 될 것이다. 이분들이 남긴 글은 후대의 학자들이 미디어가 우리 사회에 끼친 영향을 연구하는 데 좋은 자료가 될 것이다. 그러나 연구자들이 말년에 자신의 체험기나 증언을 남긴다면 이 또한 좋은 사료가 될 수 있다. 엄밀하고 객관적이지만 창백한 분석 자료의 공백을 메워줄 수 있을 것으로 기대하기 때문이다. 인문사회과학의 목적이 인간과 그들이 사는 사회의 작동 방식에 대한 이해와 통찰력을 제공해주고 삶의 조건을 개선하는 데 있다면, 이를 직업으로 삼았던 학자들의 체험과 가치관과 실천에 관한 기록 또한 한 시대의 모습을 엿보게 하는 자료가 될 수 있을 것이다.

이 책에 글을 쓴 네 사람 외에도 같은 대학에서 동문수학한 교수들과 평소 가깝게 지내는 동료가 적지 않다. 시간을 갖고 준비했으면 더 묵직하고 알찬 책이 나올 수 있었을 텐데 서두르는 바람에 그렇게 하지 못한 것을 아쉽게 생각한다. 몇 년 후 다른 세 사람이 정년을 맞을 때는 여기에 함께하지 못한 여러 동료 연구자와 또 다른 장르의 글 모음을 기대해본다. 끝으로, 출판 경기가 어려운 시기에도 개의치 않고 출판에 흔쾌히 동의해준 인물과사상사 강준우 사장께 감사의 말씀을 드린다.

2016년 5월
매디슨의 멘도타Mendota 호숫가를 거닐던 젊었던 날들을 기억하며
이창근 · 강준만 · 조흡 · 원용진

차
례

제1장

미디어 타임라인 위의 나

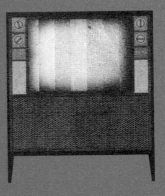

미디어 타임라인 위의 나

이창근
광운대학교 미디어영상학부 명예교수

나의 삶을 휘감았던 두 소용돌이

나는 한국에 아직 텔레비전이 없던 시절에 태어났다. 그러니까 신문, 잡지, 영화, 라디오라는 대중매체만이 있던 때였다. 내 삶 속의 한 부분을 차지했던 미디어를 회고해보는 이 글을 시작하면서 먼저 해야 할 일은 타임라인 위에 내가 살아왔던 시간을 맞춰보는 것이다. 최근에 화제가 된 한 영화는 나의 출생 시점을 밝히는 데 도움이 된다. 나는 6·25 전쟁이 일어난 그해 12월 포성이 울리던 흥남 부두를 극적으로 탈출했던 미 해군 함정 메러디스 빅토리호 안에서 산타 할아버지의 축복을 받고 태어난 '김치 원, 투, 스리, 포, 파이브'라고 이름 붙여진 5명 어린이들과 동갑내기다. 크리스마스의 기적으로 알려진 다섯 갓난아이들과 1만 4,000명의 피난민들이 크리마스 이브에 부산항에 무사히 도착한 며칠 뒤, 앞서 부산에 피난 와 있던 나도 세상 밖으로 나왔다. 우리는 아마 모두가 살아남기 위해 아우성치던 그 엄혹한 시절 어머니 등에 업혀 국제시장에서 서로 지나친 인연이 있는지 모른다.

지난 겨울 나는 학생들에게 마지막 강의를 하면서 내가 살았던 시대 환경은 두 가지로 요약할 수 있다고 말했다. 그 하나는 단군 이래 한국 사회의 가장 급격한 변동이고, 또 하나는 미디어의 변혁이라고 말했다. 한국은 한때 아프리카에 있는 나라와 비견될 정도로 가난한 나라였다. 그러나 해방된 지 70년 만에 빈곤한 농촌사회에서 산업화를 거쳐 이제는 개발도상국들이 부러워하는 나라가 되었다. 초등학교 사회시간에 나는 필리핀이 우리보다 잘 살았고 버마(미안마)도 쌀을 수출하는 부국으로 배웠다.

저학년 때는 학교에서 미국이 원조해준 드럼통에 가득 찬 분유를 배급받았고, 집에 쥐 잡는 틀을 놓고 증거로 꼬리를 잘라 오라는 숙제를 해갔던 적도 있었다. 리어카를 끌고 다니던 엿장수 아저씨가 팔던 엿, 알사탕, 흑설탕을 녹인 뒤 소다를 넣어 부풀려 팔았던 빠재기(달고나), 큼직한 팥이 유난히도 맛있었던 석빙고 '아이스케키'……. 초등학교 저학년 때 내 혀를 즐겁게 해주었던 군것질감이다.

반세기 만에 농업사회에서 산업국가로 탈바꿈한 경제적 변화 못지않게 나의 유년기 이후는 정치적 변혁의 연속이었다. 전쟁에 이어 첫 공화국 정부였던 자유당 정권은 4·19 혁명(4학년)으로 막을 내렸으며 이듬해 일어난 5·16 군사쿠데타로 시작된 군부 독재시대는 10월 유신(대학 3년)으로 극에 달한 뒤 10·26 사태(TBC 기자)로 18년 만에 막을 내렸다. 그러나 12·12 군사쿠데타로 서울의 봄은 다시 군부 독재시대로 대체되고 말았다. 참으로 우울한 시절이었다. 반동의 계절이 지난 뒤 6·29 선언으로 대통령 직선제가 회복되었고, 1993년 문민정부가 들어서면서 5·16 군사쿠데타 이후 30여 년의 군부 독재시대는 마침내 종지부를 찍었다(42세, 교수 4년차).

　이렇게 보면 나는 경제적으로 전근대적 농촌사회에서 산업사회로의 이행기에, 정치적으로는 1950년대 문민 독재시대에서 군부 독재 시기를 거쳐 적어도 절차적 민주주의가 달성된 변혁의 시대에 살았다. 반세기에 걸쳐 민족사에서 가장 급격한 사회 변동기에 산 것은 우여곡절도 있었지만, 그 자체만으로 값진 경험이었고 '단군 이래 가장 잘살게 된' 시기에 젊은 시절을 보낼 수 있던 것은 행운이자 특혜였다. 때문에 나라가 여기까지 오기 위해 피와 땀과 눈물을 흘렸던 많은 분들께 감사하는 마음이다.

　반세기 동안 지속된 정치·경제적 변동이 나의 삶을 관통한 한 흐름이었다면 같은 시기에 전개된 미디어의 대변혁 또한 나의 삶을 바꿔놓았다. 직업의식의 발로인지는 모르겠지만 20세기는 전자매체의 세기였고 특히 후반기에 등장한 컴퓨터는 미디어뿐만 아니라 인간의 의사소통 방식을 혁명적으로 변화시켰다. 문자의 발명 이후 인류가 개발한 많은 미디어를 타임라인 위에 표시해보면 우리가 오늘날 사용하고 있는 대부분의 미디어는 지난 200년 안에 집중적으로 개발된 것임을 한눈에 볼 수 있다. 그

가운데서도 라디오로 시작된 방송은 앞으로 몇 년이 지나야 비로소 탄생 100주년을 맞게 된다. 이 글은 연구실을 정리하라는 법의 명령을 받고 내가 살아온 시대의 사회적 변동이라는 날줄과 미디어 대변혁의 씨줄을 교차시키고 그 교차점에 나의 개인사를 투영해본 자전적 에세이다.

미디어에 대한 1950년대의 기억

휴전 직후 가족이 부산 피난살이를 접고 서울로 올라온 뒤 나는 1957년 초등학교에 입학했다. 생각하면 초등학교 시절 나는 미디어를 좀 늦게 접하게 된 것 같다. 나는 10남매 중 막내였기 때문에 선친과 나이 차이가 50년이나 되었다. 선친은 조부 몰래 서울에 와서 서양 의학을 공부한 깨인 분이었지만, 병원에서 신문을 보시고 라디오도 들으셨기 때문에 집에서 이중으로 구독하고 들여 놓을 필요가 없다고 생각하신 것 같다.* 평소 공부를 강조했던 부친은 신문은 몰라도 라디오는 공부에 별 도움이 안 된다고 생각하신 것 같다. 신문은 병원에서 보시던 것을 퇴근 때 가져오셨다. 1956~1958년경 서울 일간

---

* 부친은 해방 직전 〈미국의 소리〉(VOA) 라디오 뉴스를 몰래 들으시고 일본의 패전이 임박했음을 알 수 있었다고 말씀하셨다.

지가 석간 4면 조간 2면으로 발행했다고 하는데 당시 한자를 많이 쓰던 때라 신문에 대한 기억이 많지 않다. 내가 신문과 라디오를 정기적으로 접한 것은 종로로 이사해 집과 병원을 합친 초등학교 5학년(1961년) 이후니까 신문과 라디오에는 좀 늦게 눈을 뜬 것 같다.

하지만 신문에 대한 기억이 전혀 없는 것은 아니다. 1960년 4·19 혁명 직후(4학년)에 발행된 『소년 한국일보』를 보던 기억이다. "전국의 소년소녀들에게 이해와 의사발표, 그리고 교양의 터전을 마련해주기 위하여 창간"한● 이 신문은 당시 만화를 즐기던 초등학교 학생들에게 새로운 경험이었다. 내가 정기 구독을 했는지 가끔 사보았는지 기억나지는 않지만 당시에 인기가 있던 「코주부 영감의 세계 여행기」를 즐겨보았던 것 같다. 타블로이드 같은 작은 판형이었다. 초등학생들을 위해 한글 가로쓰기를 하고 학생 기자단 제도를 도입했던 이 신문은 만화 이외에 별 읽을거리가 없던 가난했던 시절 초등학생들에게 유익한 정보를 제공해주었다.

장기영 발행인은 이후 공전의 히트를 친 『주간한국』을 비롯해 경제신문, 여성지, 스포츠 신문을 연속해 발행했는데 그

● 네이버, 『한국민족문화대백과』.

이창근

가 다른 신문에 앞서 어린이 신문을 먼저 발행했다는 사실에서는 이윤 동기에 못지않게 청소년에 대한 그의 의지가 엿보인다. 국어 교과서에 실렸던 그의 미국 여행기는 외국에 대한 내 호기심을 자극하기도 했다. 장기영 사장은 기자 공채제도를 처음 도입하고 우리나라 최초의 텔레비전 방송국이었던 HLKZ를 운영해 경영 수완과 함께 미디어의 미래를 내다본 인물이었다. 나는 중학교 2학년 때(1964년) 5~6쪽짜리 신문만 발행되던 당시 두툼한 『주간한국』을 처음 보고 이런 신문도 있구나 하면서 재미있게 읽었던 기억이 있다. 『한국일보』는 훗날 내가 말단 방송기자였던 시절, 밤새 일어난 사건을 놓치지 않기 위해 새벽마다 체크해야 했던 신문이기도 했다. 1970년대 말 조간이었던 『한국일보』는 사건기사에 강했다.

처음으로 재미를 붙였던 영화

초등학교 시절 신문이나 인쇄매체에 대한 기억이 희미한 데 비해 내 뇌리에 강하게 남아 있는 첫 대중매체는 영화다. 누님들을 따라 극장에 자주 갔다. 그때 습관이 들었는지 그 후 나는 영화를 아주 좋아하게 되었다. 그러니까 나는 정보보다는 오락매체에 먼저 눈을 뜬 셈이다. 신설동 로터리에 있던 동보극장과 돈암동 동도극장의 모습은 아직 또렷하다. 많은 영화 중에서 먼저 기억나는 영화는 앨런 래드Alan Ladd 주연의 서부영화 〈쉐인Shane〉이다. 파라마운트사가 1953년에 제작한 이 영화는 서울에서 1956년에 개봉되었으니 초등학교 1학년 전후였을 것이다. 하얀 가죽의 카우보이 복장을 한 주인공 쉐인과 모자부터 발끝까지 까만 옷을 입고 하얀 이를 드러내고 기분 나쁘게 웃던 악당 잭 팰런스Jack Palance가 술집에서 마지막 권총 대결을 하던 장면은 아직도 눈에 삼삼하다. 특히 마지막 대결 때 악당이 뒤에 있다고 "쉐인!"이라고 소리치던 어린이의 목소리가 아직도 들리는 듯하다.

지금 생각하면 흰 카우보이 복장의 주인공과 검은 옷을 입은 악당, 전형적으로 선과 악을 의인화한 영화였는데 어린 눈에도 미남인 앨런 래드는 선하고 좋은 사람으로 보였고, 험상궂은 총잡이 잭 팰런스는 나쁜 사람 같았다. 마지막 대결 장면에서 쉐인이 악당을 죽이자 관객들이 박수를 쳤던 것 같은데 나도 아마 따라 쳤을 것이다. 당시에는 서부영화가 많이 상연

이창근

내가 또렷하게 기억하는 영화는 서부영화 〈쉐인〉이다.
주인공 쉐인과 악당 잭 팰런스가 술집에서 마지막 권총 대결을 하던 장면은
아직도 눈에 삼삼하다.

되었던 것 같은데 선과 악, 법의 수호자와 무법자를 극명히 대비시키는 서부영화는 단순한 플롯였기 때문에 어린 내가 쉽게 이해할 수 있었을 것이다. 어린 나이에 벌써 카타르시스를 느꼈던 것인지 모르지만, 극장 문을 나올 때 꽤 기분이 좋아졌던 것 같다. 선과 악을 극명히 대비시키는 서부영화는 반공 이념이 지배했던 그 당시 어른들에게도 이분법적 사고를 보강해주었을지 모른다.

당시 관객들은 클라이맥스 장면에서 주인공이 위기에 처한 사람들을 구하러 말 타고 달려갈 때나 악당을 처치할 때마다 박수를 쳤다. 서부영화의 주인공을 응원했던 관객들은 백인 주인공이 땅을 빼앗긴 인디언들을 무자비하게 죽일 때도 박수를 쳤다. 나도 그랬던 것 같다. 중학교 2학년(1964년) 때 보았던 〈북경의 55일55 Days at Peking〉도 중국을 침략한 서구 열강의 관점에서 만든 영화였지만, 관객들은 구미 연합군이 베이징으로 진격해 고립되어 있던 자국민들을 구출하는 장면에서 박수를 쳤다. 제국주의나 식민지 같은 개념은 아직 생경했던 시절이었다. 중국인이 다수인 싱가포르에서는 이 영화가 중국인들을 잘못 묘사했다는 이유로 싱가포르 정부가 상영 허가를 취소

하고 필름을 압수한 사실이 당시 한국의 신문에 단신으로 보도 되었다.[*] 이 기사를 타전한 로이터 기사의 원문이 얼마나 길었 는지는 모르지만 몇 줄이나마 게이트키핑을 해준 당시 『동아 일보』의 외신 데스크가 누구였는지 궁금하다.

1950년대 할리우드는 텔레비전이 미국의 가정에 확산되 면서 위협을 받았다. 영화업계는 경쟁력을 회복하기 위해 텔레 비전에 영화 공급을 하지 않고 전속 배우들을 텔레비전에 출연 하지 못하게까지 했다. 또 3D 영화, 시네마스코프, 비스타비전 VistaVision 등 새로운 제작·상영 기법과 『십계』(1956), 『벤허』 (1959) 같은 스펙터클 영화로 대항하려고 했지만 안방극장으 로 등장한 뉴미디어 텔레비전에는 속수무책이었다. 결국 할리 우드는 텔레비전에 영화 공급을 재개하고 텔레비전용 영화까 지 제작해 네트워크에 납품하는 타협책을 택하고 말았다.

중학 1학년(1963년)부터 KBS 텔레비전에서 즐겨 보았던 〈I Love Lucy〉, 〈Sunset 77〉, 〈Mr. Ed〉, 〈Donna Reed Show〉 등은 할리우드 메이저들이 미국 텔레비전 방송사에 납품한 시 트콤이었던 것이다. 1950년대 할리우드 영화가 퇴조하면서 혹 시 이 당시 한국에 들어오던 미국 영화의 수입가가 떨어져 국내

• 「미화(美畵) 〈북경의 55일〉 성항(星港)에서 상영 금지」, 『동아일보』, 1966년 3월 22일.

수입업자들이 재미를 보았을 수도 있지만, 반대로 미국 배급사들이 손실을 만회하기 위해 수출 금액을 인상했을 수도 있다.

라디오

라디오에 대해 처음 기억나는 것은 연속극 〈청실홍실〉이다. KBS가 1956년 12월부터 5개월 동안 방송한 이 연속극은 라디오 드라마 시대를 여는 작품이었다. "청실홍실 엮어서 무늬도 곱게 티 없는 마음속에 나만이 아는 수를 놓았소"라는 주제가로 시작했던 이 연속극은 대단한 인기였다. 당시 대학생이던 누나가 병을 앓게 되자 부친이 병원에서 들으시던 라디오를 딸을 위해 임시로 집에 가져오신 덕분에 이 드라마를 들었다.

안다성과 송민도가 이중창으로 불렀던 주제가는 연속극 못지않게 인기가 있었는데, 곡이 마음에 들었던지 나는 남녀 삼각관계가 뭔지 몰랐지만 따라 흥얼거렸던 것 같다.● 당시는 전력 사정이 좋지 않아 밤에 수시로 정전이 되었는데, 어느 날 드라마를 한참 듣던 중 정전이 되자, 누나들과 함께 담벼락에 붙어서 옆집 라디오에서 흘러나오던 성우들의 목소리를 훔쳐

● 한국방송학회는 2014년 8월 광복 70주년을 앞두고 대한민국역사박물관에서 '소리(音), 영상(色)—세상을 바꾸다'라는 주제로 한국 방송 회고 전시회를 열었다. 전시물 중에 조남사 작가의 대본이 전시되었다.

2014년 8월 한국방송학회와 대한민국역사박물관이 공동 주최한
'방송을 통해 본 한국 현대사 특별전'에 전시된
조남사 작가의 KBS 연속극 〈청실홍실〉 제29회 방송 대본.
〈청실홍실〉은 라디오 드라마 시대를 열면서 폭발적인 인기를 끌었다.

듣던 기억이 난다. 우리 집 라디오는 전기 코드로 연결해 쓰는 것이었는데, 이웃집 것은 트랜지스터 라디오였던 모양이다.

〈청실홍실〉이 방송되던 1957년부터 우리나라에서는 비로소 라디오가 생산되기 시작했고, 정부가 농촌에 유선으로 연결된 스피커를 통해 라디오를 들을 수 있게 하는 이른바 앰프촌을 보급하던 때였다. 그해 초 라디오와 스피커 합쳐 13만 7,000여 대가 있었다고 하지만,[*] 전기가 나간 그날 밤 이 드라마를 들은 사람은 극히 적었을 것이다. 그나마 이듬해에도 전기가 들어오는 집은 전국적으로 14퍼센트가 조금 넘는 상황이었기 때문이다.[**]

한국에서 트랜지스터 라디오가 처음 생산되기 시작한 것은 1961년이었다. 그러니까 그날 밤 누님들이 들을 수 있도록 친절하게 라디오 볼륨을 높여주었던 이웃집 아저씨가 갖고 있던 트랜지스터 라디오는 아마 미군 부대 PX에서 흘러나온 것이거나 - 외람되지만 - 일제 밀수품이었을 가능성이 크다. 앞서 2년 전(1955년)에 소니Sony는 미국이 발명해 시판한 트랜지스터보다 경단박소經短薄小한 제품을 대량 생산, 전 세계에 수출함으로써 소니의 신화를 쓰기 시작했을 때인데 당시 우리나라에

• 김영희, 『한국 사회의 미디어 출현과 수용: 1880~1980』(커뮤니케이션북스, 2009), 227쪽.
•• 김영희, 앞의 책, 228쪽.

서는 미제 양키 물건 못지않게 일제 밀수품이 인기가 있었다.

초등학교 1학년이었던 1957년 12월 자유당 정권이 인구조사를 실시했는데, 이듬해 8월에 발표한 통계에 의하면 남한 인구는 2,132만 명, 가구는 361만 여 가구였다. 그러니까 한 가구에 6명이 살던 시절이다. 농가와 비농가의 비율이 6대 4로 아직 농업사회였던 셈이다. 서울 인구는 불과 167만 명이었다. 아직 자동차 소음이 귀에 거슬리지 않고, 땡땡거리며 시내 한복판을 달리던 전차의 경종 소리가 정겹게 들리던 시절이다. 〈청실홍실〉이 방송된 1957년 초 우리나라에 라디오 수신기는 26가구마다 1대 정도 보급되어 있던 셈인데,* 서울에서는 가구의 52퍼센트가 라디오를 갖고 있었다고 하니** 그때도 도농都農 간 격차가 심했던 셈이다. 하지만 국내 생산이 가속화되면서 4·19 혁명이 일어난 4학년 때(1960년)는 10가구당 1대로 라디오 보급이 크게 증가했다.*** 〈청실홍실〉이 방송된 1957~1958년은 라디오가 우리나라에 바야흐로 확산되기 시작하던 때로 라디오가 대중매체로 등장하기 직전의 시기였던 셈이다.

그 무렵 미국에서는 이미 라디오 전성시대가 끝나고 텔레비전 붐이 일고 있었다. 6·25 전쟁이 일어난 1950년 라디오

* 1957년 초 라디오는 유선 방송 스피커를 합해 전국에 13만 7,031대가 있었으며(김영희, 앞의 책, 227쪽), 전체 가구 수는 361만 가구였다.
** 「어떤 방송(放送)을 좋아 듣나?」, 『동아일보』, 1958년 10월 2일, 6면.
*** 김영희, 앞의 책, 228쪽.

는 이미 포화 상태였고(가구의 95퍼센트), 카 라디오를 설치한 비율도 절반에 이르렀다. 〈청실홍실〉이 방송된 1957년, 미국의 네 집 가운데 세 집(79%)은 이미 안방극장을 즐기고 있었다.● 패전 후 미국의 새로운 파트너로 잽싸게 변신한 이웃 일본에서는 1949년에 이미 라디오 보급률이 50퍼센트를 넘어섰고, 〈청실홍실〉이 방송되던 1957년에는 NHK에 더해 이미 41개의 민영 라디오 방송국의 전파가 전국을 뒤덮고 있었다.●●

결국 이 무렵 초등학생이던 나는 미국이나 일본의 청취자들처럼 다양한 라디오 프로그램을 듣지는 못했지만, 이 두 나라의 또래처럼 상업방송에서 흘러나오는 CM송 대신 당시 우리나라에서 유행하던 트로트 리듬의 유행가 "열두~ 대문 문간방에 걸식을 하며 술 한잔에 시 한 수로 떠나~가는 김삿갓~"(〈방랑시인 김삿갓〉)을 즐겨 불렀으니까 미국과 일본 아이들보다 한수 위였던 것 같다. 명국환이 부른 이 노래는 아마 집 라디오와 학교를 오가며 지나쳤던 라디오 전파사 스피커를 통해 배웠을 것이다. 스피커는 라디오가 충분하지 않던 그 당시 라디오 프로그램이나 유행가를 들려주던 또 다른 소리매체였다.

● Christopher Sterling and John Kittross, 『Stay tuned: A history of American broadcasting』, 3rd. ed.(Mahwah, N.J.: LEA, 2002), p.862, 864.
●● 야마모토 후미오, 김재홍 옮김, 『일본 매스 커뮤니케이션사』(커뮤니케이션북스, 2000), 273, 306쪽.

이창근

라디오와 정치

초등학교 중간까지는 자유당 정권 때였다. 공식적으로는 제1공화국 학술적으로는 권위주의 시대라고 하지만 쉽게 말해 문민 독재시대였다. 이승만 대통령이 국부로 추앙받던 시절이었는데, 이승만 대통령의 생일 때 라디오에서 흘러나오던 어린이들의 합창 소리가 아직도 귀에 들리는 듯하다. "우리나라 대한 나라 독립을 위해 여든 평생 한결같이 몸 바쳐 오신 고마우신 리 대통령 우리 대통령~ 그 이름 기리 기리 빛나오리다"라는 가사인데, '고마우신 리 대통령 우리 대통령' 부분은 아직 뇌리에 남아 있다. 학교에서도 그 노래를 연습해 불렀던 것 같다.

이승만 대통령 '탄신'에 동대문운동장에서는 학생들이 축하 매스 게임을 하고, 광화문에서는 국경일에서나 하던 군인 퍼레이드가 벌어졌다. 『대한 늬우스』 아나운서는 감격에 찬 목소리로 "80평생 기나긴 세월 오로지 하나 조국의 자주 독립과 민족의 행복을 위해 헌신하신 이 대통령 각하 삼가 만수무강 하시옵소서"로 멘트를 마쳤는데, 그 어조가 사극에서 벼슬아치들이 왕에게 말하는 식이다.* 요즘 텔레비전에서 북한 뉴스

• 「리 대통령 각하 제80회 탄신 경축」, 『대한 늬우스』, 1955년 3월 30일(제54호); http://film.ktv.go.kr/page/pop/movie_pop.jsp?srcgbn=KV&mediaid=35&mediadtl=160&gbn=DH&quality=W

를 볼 때마다 듣는 것과 너무 같아 흠칫 했다. 라디오에서 흘러 나오던 축가를 무심코 따라 불렀을 어릴 적 내 모습을 떠올려 본다. 남한도 요즘의 북한처럼 라디오를 내놓고 선전매체로 활용하던 시절이었다.

그 무렵 나는 라디오 외에도 100환짜리 동전, 지폐, 우표, 학교 복도, 동회(동사무소) 벽뿐만 아니라 내가 좋아했던 영화를 볼 때마다 『대한 늬우스』나 『리버티 늬우스』에서 이승만 대통령을 늘 볼 수 있었다. 요즘 이승만 대통령에 대한 국부國父 논쟁이 일고 있는데, 『대한 늬우스』에서 다시 보니 인자한 할아버지 모습이라 요즘 대통령들과는 사뭇 다른 모습이다. 미디어 효과인지 모르겠다. 나는 몇 년 뒤 일어난 대사건 덕분에 새로운 생각을 하게 되었지만, 요즘 북한 방송에서 로봇처럼 되뇌이는 어린아이들을 볼 때마다 이 아이들이 일생을 속고 살지 모른다고 생각하면 가슴이 아프다. 나는 모친의 배 속에 있던 10개월 중 8개월은 대동강 물을 먹고 자랐는데, 요즘 북한 뉴스를 볼 때마다 피난을 결행한 양친에게 새삼 감사하게 된다.

4 · 19 혁명

초등학교 4학년이었던 봄, 그날 저녁은 아직도 기억이 또렷하다. 우리 집은 안암동 고려대학교와 시내로 통하는 신설동 로터리 사이에 있었는데, 1960년 4월 19일 대학생들이 스크럼을 하고 로터리 쪽으로 달려가는 것을 보았다. 그날 밤 늦게까지 신설동 로터리 부근에서는 학생들과 시민들이 트럭과 차에 올라타고 구호를 외치며 다녔다. 시민들이 길거리에 나와 박수를 치며 호응했고 화형식 같은 것도 했던 것 같다. 난생 처음 본 광경에 나는 밤이 깊어가는 줄 모르고 군중 속에서 숨을 죽이고 지켜보았다. 밤이 깊어가면서 사람들이 흩어지고 거리가 한산해지자 나는 겁이 덜컥 나 집으로 발길을 재촉했는데 집에 오니 걱정하셨던 아버지가 매우 꾸지람을 하셨다.

"이날(20일) 새벽 서울 거리거리 골목골목에는 돌멩이 벽돌, 유리 파편들이 깔려 있어 무시무시하였던 전날의 모습을 그대로 엿보이고 있었(고)… 안암동 근처 산에서는 (20일) 새벽까지 데모 대원과 무장 경찰 사이에 사격전이 벌어졌다.…

고대 방면으로 몰린 데모대는 이날 아침까지도 여전히 환성을 올리면서 그들이 탈취한 소방차를 타고 구호를 외치고 있었다.*

그날 밤 종로와 동대문 관내 파출소는 거의 다 불태워졌는데 우리 집 부근의 신설동 파출소도 전소되었다는 기사는** 그날 밤 내가 목격했던 격렬한 거리 모습을 확인해준다. 19일 서울에서는 수십 만 명의 학생과 시민이 3·15 부정선거를 규탄하는 데모를 벌였고, 경무대 앞에서는 경찰이 무차별 발사해 수십 명의 학생이 피를 흘리는 비극이 벌어졌다. 다음날 아침 계엄령으로 군인들을 실은 트럭들이 집 앞 도로를 지나가던 모습을 사람들 틈에 끼어 보던 기억도 남아 있다.

19일, 자유당 정권을 비호하던 『서울신문』 사옥은 시위대에 의해 불에 타버렸다. 국영방송인 KBS는 침묵으로 일관했는데 비해 민영방송인 CBS와 1년 앞서 부산에서 개국한 MBC는 신속한 보도로 청취자들의 호응을 받았다고 한다. 일주일 뒤 "국민이 원하면 대통령직을 사임할 것이며"라는 이승만 대통령의 하야 성명을 발표한 날 KBS 아나운서들은 "한없는 자괴

● 「계엄 제2일을 맞아」, 『동아일보』, 1960년 4월 21일, 조간 3면. 괄호는 필자.
●● 「계엄 제2일을 맞아」, 『동아일보』, 1960년 4월 21일, 조간 3면.

이창근

를 금치 못한"다며 양심선언을 했다.● 그러나 권력에 대한 KBS의 굴종과 반성은 그 후에도 반복되어야 했다. 1년 뒤 나는 매일 아침부터 라디오에서 수시로 방송되던 '반공을 국시의 제1의로 삼고"로 시작되던 '혁명 공약'을 수없이 들어야 했다.

라디오 오락 프로그램에 푹 빠졌던 까까머리 시절

5·16 군사쿠데타가 일어난 2년 후인 1963년 봄에 나는 머리를 밀고 중학생이 되었다. 집이 부친 병원과 합쳤기 때문에 나는 신문과 라디오를 정기적으로 접하게 되었다. 앞서 1962년 12월에는 MBC 라디오가 개국을 했고, 1963년 봄에는 동아방송DBS이, 이듬해에는 동양라디오TBC가 개국해 바야흐로 라디오 전성시대가 열리고 있었다. 부친은 『동아일보』와 『경향신문』을 구독하셨기에 나는 자연스레 『동아일보』를 자주 읽게 되었고 따라서 라디오도 자연히 동아방송을 애청하게 되었다. 당시 동아방송은 편집국 조직의 일부였기 때문에 뉴스 프로그램이 좋았고, 재미있는 오락 프로그램이 많아 청취율이 높았다.●● 토크 프로그램이었던 〈유쾌한 응접실〉과 학교에 가기

● 채백, 『한국 언론사』(컬처룩, 2015), 330~331쪽.
●● 1967년 공보부가 서울 일원을 대상으로 조사한 바에 의하면 동아방송 30.6퍼센트, MBC 26.7퍼센트, TBC 22.2퍼센트, KBS 13.5퍼센트, CBS 4.9퍼센트였다. 최창봉·강현두, 『우리 방송 100년』(현암사, 2001), 162쪽.

전까지 들었던 유호 작가의 홈드라마가 기억난다. "이거 되겠습니까"로 끝나던 코미디언 구봉서의 익살도 빼놓지 않고 들었다. 이 당시 전화가 설치되면서 클래식 음악을 즐겨듣던 누님과 함께 CBS의 곡명 알아맞히기 프로였던 〈다이얼 Y를 돌려라〉 등은 내가 애청하던 프로그램이었다.

그러나 뭐니뭐니 해도 내가 가장 애청했던 프로그램은 최초의 라디오 DJ였던 최동욱 씨가 진행했던 〈탑 튠 쇼Top Tune Show〉였다. 처음에는 점잖은 표준 발음의 전영우 아나운서가 진행하다가 최 PD가 직접 마이크를 잡았는데, 처음에는 그의 탁한 목소리가 마음에 들지 않았지만 그가 틀어주는 세계 각국의 히트송에 빠져들면서 개의치 않게 되었다. "젊음의 낭만과 푸른 꿈을 노래 속에 싣고 기쁨을 찾는 멜로디와 리듬의 퍼레이드! 미국의 최신 유행 음악을 소개하는 탑-튠-쇼!" 파인프라인Pipeline이라는 기타 연주곡을 배경으로 한 이 오프닝 멘트는 아직도 귓전을 울린다.

그 당시 대부분의 학생들처럼 나도 중학교 1학년부터 영어를 배우기 시작했는데, 영어를 조금씩 읽고 귀도 조금씩 열리기 시작하면서 팝송에 푹 빠지게 되었다. 당시 혜성과 같이

중학교 1학년 때 동아방송 〈탑 튠 쇼〉에서 비틀스의 노래를 들었던 금성 라디오 A-504.
한국방송학회는 2014년 8월 광복 70주년을 앞두고 대한민국역사박물관에서
한국 방송을 회고하는 전시회를 개최했다.
반세기 만에 집에 있던 똑같은 라디오와 극적으로 재회했다.

나타난 비틀스의 리버풀 사운드는 이전의 미국 노래와 확실히 다른 것이었다. 동아방송은 매주 동아일보사 정문 수위실에서 누런 갱지 한 장에 빌보드Billboard 차트를 타이프로 찍어 나눠주었는데, 최동욱 PD가 불러주는 노래 제목이나 가수 이름을 정확히 알아들을 수 없을 때는 이 차트를 얻으러 가기도 했다. 이 프로그램은 청취자 리퀘스트를 엽서로 받아 틀어주기도 했는데, 어느 날 내 이름을 신청자로 쓰기에는 위험 부담이 있어 누님 이름을 몰래 적어 신청한 비틀스의 〈Twist and Shout〉이란 노래가 뽑혀 들은 적이 있다. 로또 수준이었다!

"몸이 나른해지는 봄 뭔가 한 번 마음껏 외쳐보고 싶은 마음을 전해주신 이〇〇 씨가 신청한" 운운했던 최 PD의 멘트가 아직도 기억난다. 당시 청취자들은 진행자가 자기 엽서를 뽑아주기를 원해 엽서에 별별 치장을 다해 보낼 때였는데, 손 솜씨가 없던 나는 그저 엽서에 노래 제목만 보냈다. 아마 최 PD가 한심하다고 생각해서 뽑아준 것인지 아니면 자기도 이 노래가 마음에 들어 틀어준 것인지는 모르겠다. 어쨌든 〈탑 튠 쇼〉는 미국의 팝송뿐만 아니라 이탈리아 칸소네 등 당시 한국 사람들이 쉽게 접할 수 없는 외국의 대중가요를 본격적으로 소개해준

이창근

디스크자키 프로그램의 원조였는데, 어찌 보면 나는 그에게서 '팝 세례'를 받은 첫 세대였다.

흑백 텔레비전

KBS가 첫 텔레비전 전파를 발사한 1961년 12월 나는 초등학교 5학년이었다. 1962년부터 방송이 본격적으로 시작한 셈인데, 나는 중학교 입시를 봐야 했기 때문에 텔레비전을 사 달라는 말을 감히 꺼낼 수도 없었다. 방송이 처음 시작되었을 때는 수상기가 국내에서 생산되지 않았기 때문에 첫 해에는 일본에서 수입되었다. 요즘 아파트 당첨을 위해 장사진을 치는 것처럼 구매 희망자들이 시청 앞에 몰려들어 기마경찰까지 동원되기도 했다. 내가 텔레비전을 정기적으로 보기 시작한 것은 중학교에 들어간 1963년이다. 공부를 강조한 부친 때문에 집에는 텔레비전이 없었는데 마침 출가한 큰 누님 집에 텔레비전이 있어 나는 토요일 오전 수업이 끝나자마자 누님 댁으로 직행해 텔레비전을 실컷 보고 일요일 밤에 집으로 돌아왔다.

당시는 KBS와 AFKN 등 두 채널만이 방송되었다. 지금 기억나는 것은 뉴스보다는 영화, 쇼 등 대부분 오락 프로그램이다. KBS에서 방송되었던 〈왈가닥 루시I Love Lucy〉, 말을 하는 말馬이 주인공이었던 〈Mr. Ed〉, 법정 드라마 〈Perry Mason〉, 클린트 이스트우드가 카우보이로 나왔던 서부영화 〈Raw Hide〉 등이 생각나고 〈주말의 명화〉를 통해 많은 영화를 보았다. 극장에 가지 않고 뜨듯한 방에서 영화를 보니 더없이 좋았다. AFKN은 KBS보다 방송 시간이 길어 일요일에는 KBS가 저녁방송을 시작하기 전 낮에도 방송을 했다. 특히 내가 원하는 영화를 보여주지 않고 골프 중계를 많이 했는데, 이렇게 지루한 경기를 왜 중계해주나 생각하기도 했다.

일요일 저녁, KBS에서 영화가 시작되기 전 AFKN에서는 〈Lawrence Welk Show〉라는 음악 버라이어티 쇼 프로그램을 자주 보았다. 이 밖에 즐겨보았던 AFKN 프로그램은 토요일 오후 딕 클라크Dick Clark라는 DJ가 진행하는 〈American Bandstand〉였는데, 매주 인기 차트에 오른 팝송을 발표하고 틴에이저들이 음악에 맞춰 춤을 추는 프로그램이었다. 이 쇼는 당시 미국에서 최고의 인기를 누리던 프로그램으로 비치 보이스Beach Boys, 스티비 원더Stevie Wonder, 사이먼 앤 가펑클Simon and

Garfunkel 등 유명한 가수들이 이 프로그램을 통해 데뷔했다. 이 두 프로그램은 겨우 걸음마 수준에 있던 KBS 프로그램보다는 세련된 것이었기 때문에 자주 보았다.

이런 오락 프로그램을 볼 때마다 나는 서울을 벗어나 현장의 스튜디오에 있는 듯한 느낌을 받았기 때문에 영화를 볼 때와는 달랐다. 영화를 그저 대상으로 '보았다면' 텔레비전에서 이 프로그램들을 볼 때는 관중석에 앉아 있는 듯한 기분이었다. 생방송으로 진행되는 텔레비전 프로그램은 라디오나 영화보다 현장에 참여하는 느낌이 강했기 때문에 더 빠져들었던 것 같다. 라디오와 텔레비전은 한국이라는 땅에 갇혀 있던 나를 바다 건너 먼 나라의 공간으로 옮겨주었다. 따라서 공간에 대한 분절된 감각도 서서히 허물어져 갔고 인식의 지평도 넓힐 수 있었다. 감수성이 예민한 유년기와 청소년기에 라디오를 듣고 텔레비전을 보며 성장한 나는 이 두 전자 미디어에 영향을 받은 한국의 첫 세대였다고 말해도 지나치지는 않을 것이다.

첫 전자 미디어 세대?

라디오와 텔레비전이 내 성장 과정에 어떤 영향을 끼쳤는지 따져보려면 지난 수십 년 동안 학자들이 내놓은 미디어와 인간, 사회와의 관계에 대한 수많은 이론과 연구결과를 총동원해야 할 것이다. 나는 다만 이 짧은 글에서 '미디어는 메시지다'라는 마셜 매클루언Marshall Mcluhan의 관점에서 한국에서 라디오가 대중매체로 정착되기 시작한 1950년대 후반과 텔레비전이 도입된 1960년대 초·중반에 청소년기를 보냈다는 점에서 방송 미디어를 어른이 되어서 처음 접한 앞선 세대와는 다른 영향을 받았을 것이라 추론해본다.

그것은 31세(1982년)에 뒤늦게 대학원에 가서 처음 퍼스널 컴퓨터를 사용한 나 자신과 2~3세부터 휴대전화와 이이패드를 갖고 노는 요즘 아이들의 차이를 생각해보는 것과 비슷한 발상이다. 엄밀하게 말해 나는 젖먹이 때부터 텔레비전을 본 '매클루언 키드'는 아니었지만, 비교적 어린 나이에 라디오와 텔레비전을 보고 자랐다는 점에서 그에게서 첫 전자 세례를 받은 세대임은 분명하기 때문이다.

매클루언은 미디어의 내용보다 물리적 속성이 사람의 인지적 '감각 비율sense ratio', 즉 인간이 사물을 보는 '지각의 패턴 patterns of perception'을 근본적으로 변화시킨다고 주장했다.[•] 물론 이러한 영향이 한 세대 안에 일어난다고 보기는 어렵지만, 전자 미디어의 파워가 가속적으로 발전해온 사실을 감안하면 미디어의 영향이 발휘되는 시간은 크게 단축될지 모른다. 요즘 휴대 전화나 PC 자판을 나보다 몇 배 빨리 그리고 능숙하게 두드리는 젊은 세대는 단순히 기기를 다루는 능력의 차이뿐만 아니라 정보 처리 '방식'에도 조금씩 변화가 일어나고 있을지 모른다.

크게 보면 나는 삶의 전반 30년은 아날로그 미디어와 함께 살았고, 후반 30여 년은 PC라는 디지털 미디어와 함께 살았다. 또한 이 두 시대가 전환되는 시기를 경험한 경계 영역적 인간이기도 하기에 이 과도기의 현상과 의미에 대해 각별한 관심을 갖게 된다. 그 때문에 내 또래의 두뇌 구조와 앞 세대나 디지털 노마드 세대의 두뇌 구조 사이에 미세하나마 어떤 차이가 생기고 있는 것은 아닌지 궁금하다. 나 자신은 뇌신경학자에게 좋은 실험 대상이다.

한편, 미디어의 내용 면에서 보면 내가 성장기에 보고 들

[•] Marshall McLuhan, 『Understanding media: The extension of man』(New York: New American Library, 1964). p.33.

은 방송 프로그램은 권위주의와 개발 독재시대 하에서 억제되고 왜곡된 것이었을 뿐만 아니라 오락 프로그램도 외국 특히 미국과 일본의 상업문화의 영향을 받은 것이었기 때문에 내 취향이나 가치관, 세상을 보는 눈이 착색되었다는 점은 인정해야 할 것 같다. 미디어를 공부하면서 문화제국주의니 포스트 식민주의니 하는 서구의 정치·문화적 영향을 비판적으로 볼 수 있는 안목을 갖게 된 것은 제3세계 출신으로서 다행이다. 그러나 다른 한편으로 문화, 취향, 가치관, 정체성에 대한 궁극적인 판단은 학자들이 만들어놓은 이론에 기대어 판단하기보다는 남은 시간에 더 생각해봐야 할 실존적 문제라는 생각도 든다. 요즘도 내 생각과 행위는 변하고 있고 앞으로도 변할 것 같기 때문이다.

Fast Forward : 말단 기자 시절

대학 졸업 후 5년간의 미국 이민 생활을 접고 귀국한 나는 잠시 종합상사에서 일했지만 적성에 맞지 않았다. 대안을 찾던 중 다행히 동양방송TBC 기자로 일하게 되었다. 27세 때였다. 당시 TBC는 『중앙일보』와 함께 '중앙 매스콤'으로 불리면서 삼성그룹의 계열회사로서 황금기를 누리고 있었다. 당시 보도국은 서소문 사옥 5층에 있었는데 150평(495제곱미터) 정도에 메인 룸과 외신부와 체육부가 쓰던 2개의 방으로 나뉘어 있었다. 몇 년 후 KBS로 넘어가 알게 되었지만 매우 소박한 방송 시설이었다. 나는 귀국 전에 국제정치학을 전공했기 때문에 처음 외신부에 배치된 것은 다행이었다. 종합상사에서 물건 팔 생각만 하다가 전공과 맞는 일을 하니 신바람이 났다. 저녁에 잠자리에 들면 아침이 기다려질 정도였다.

그 당시 일어났던 해외 빅뉴스는 이란의 회교혁명이었다. 팔레비 왕의 축출과 호메이니의 등장, 그리고 이란 대학생들이 테헤란 주재 미국 대사관을 444일 동안 점거해 중동 질서를 뒤엎은 대사건이었다. 당시 외신부에는 방 모퉁이에 텔레타이프가 한 대 댕그라니 있었는데 합동, 동양통신 기사를 전송해주었다. 말단이었던 나는 매 시간 2~3번 기사를 체크해야 했는데 긴급 뉴스가 들어올 때는 텔레타이프에서 벨 소리가 땡땡땡 울렸다. 당시 외신부 기자가 하는 일은 통신사가 매일 2~3번 하드카피로 보내주던 기사 묶음과 국내 두 통신사가 텔레타이프로 보내주던 영문 기사와 방송용 기사("~했습니다" 체)를 종합해 기사를 작성하는 것이었다. 저녁 텔레비전 메인 뉴스에 리포트가 있을 때는 부스booth에 들어가 녹음을 하고 영상을 편집해야 했다. 또 해외 특파원들의 전화를 받아 오디오, 비디오테이프를 만들고 멘트도 썼다.

텔레비전 뉴스에 필요한 외신 영상은 당시 점차 인공위성을 통해 배급하는 추세에 따라 TBC는 내가 입사하기 1년 전인 1977년부터 VISNEWS, UPITN에서 당시로서는 뉴미디어인 U-매틱U-matic 카세트테이프로 제공받았다. 당시 비스뉴스 홍콩 지사가 본사에서 인공위성으로 받은 영상을 김포공항으로 보내주면 통관사가 매일 오후 4~5시경 찾아서 보도국으로 배달해주는 방식이었다. 인공위성으로 뉴스 영상이 전달되면서 한국의 시청자들도 세계 각지에서 일어나는 사건을 당일 저녁 뉴스에서 볼 수 있게 된 것이다. 외신 영상은 비디오카세트 외에도 필름 릴reel을 제공받아 사용하기도 했는데, 대부분 타이밍이 다소 늦은 내용이어서 해외토픽 프로그램에 사용했다.

이 당시 유네스코UNESCO에서는 AP, UPI, Reuters, AFP 등 4대 통신사가 해외 뉴스의 유통을 과점하고, 영화 방송 프로

• 1970년 1월부터 1982년 말까지 주요 일간지를 검색한 결과, 「유네스코 회의에서 언론관에 분열 보여」(『조선일보』, 1976년 11월 6일), 「언론에도 남북 현상」(『조선일보』, 1978년 11월 14일), 「유네스코 난제 언론 남북 대결」(『경향신문』, 1981년 7월 21일), 「[사설] 신세계정보질서의 토대」(『동아일보』, 1981년 12월 6일) 등 손에 꼽을 정도밖에 찾을 수 없었다. 한 가지 흥미로운 것은 1982년 3월 18일 당시 신세계정보질서 운동을 주도하던 유네스코 아마두 마타르 음보우(Amadou-Mahtar M'Bow) 사무총장이 내한했는데 서울대학교 학위 수여식 연설과 경력을 소개한 『조선일보』 기사에서는 이에 대한 언급이 없었으나 『동아일보』 인터뷰 기사는 유네스코가 제 구실을 하려면 "새

　　　　　　　　　　　　　　　　　　　　　　　　　이창근

그램 시장도 미국 등 강대국이 세계 미디어 시장을 지배하는 것에 제3세계 국가들이 반발하면서 이른바 신세계정보질서 New World Information and Communication Order 운동이 일어나고 있었다. 아시아 아프리카 개발도상국들이 다수를 이룬 유네스코는 격론 끝에 1978년 11월 제20차 유네스코 파리 총회에서 정보는 국가 간에 '자유롭고 균형되게' 유통되어야 한다고 모호한 결론을 내렸는데, 세계 문화산업 시장의 지배력 약화를 우려한 미국은 이후 1983년 레이건 행정부 때 유네스코를 탈퇴해버리고 말았다(2003년 재가입).

6·25 전쟁 이후 외교정책을 미국에 의존해온 한국은 개발도상국들이 1955년 인도네시아 반둥에서 독자적 세력을 형성한 이후 후속 협의체인 비동맹회의에도 참여하지 않았기 때문에 선진국과 제3세계 국가 간의 정치적 대립에서 국익 차원에서 행동하지 못했다. 이 때문에 정보유통의 불균형 문제는 한국 언론에서 별로 관심을 끌지 못했다.* 나는 당시 외신부에서 4대 통신사와 국내 통신사 기사에 의존해 기사를 썼는데, 내가 국제정보질서에 관한 뉴스를 라디오에라도 내보냈는지는 기억이 없다. 텔레비전 뉴스로 나갔을 가능성은 매체 성격상

로운 국제정보질서라는 개념을 토대로 국제간의 긴밀한 협조가 필요하다"는 그의 말을 전했다(3월 19일자 2면). 『조선일보』 신용석 파리 특파원은 1978년 11월 14일자 (「언론에도 남북 현상」) 기사에서 당시 파리에서 열리고 있던 제20차 유네스코 총회의 핫 이슈였던 이 문제에 대해 탁월한 분석 기사를 송고했다. 신문은 37년이 지난 지금도 쉽게 기사를 검색할 수 있지만 당시의 방송 뉴스 원고를 확인할 방법은 없다. 방송의 치명적 약점인데 디지털 시대가 되면서 방송의 기록성이 개선되고 있는 것은 다행이다.

희박하다. 내가 이 문제에 눈을 뜬 것은 1982년 기자 생활을 접고 대학원에 갔을 때였는데, 문제를 일으킨 당사국인 미국의 대학 세미나에서 이슈의 중요성을 알게 되었으니 머리를 긁적일 수밖에 없었다. 그 무렵 정보유통의 불균형이나 종속이론이 국내 학계에 소개되기 시작했다.

텔레비전 방송기술의 전환기

내가 TBC에서 일하던 1978~1980년은 방송기술사 면에서 필름의 시대에서 마그네틱테이프 시대로 넘어가던 과도기였다.* 당시 라디오용 취재를 나갈 때는 책의 반 정도 되는 납작한 소니 카세트 녹음기만 들고 나갔지만, 텔레비전 뉴스 취재 지시가 떨어지면 보도국 촬영부 소속의 카메라 기자와 동행해야 했다. 이때는 몇 대밖에 없던 취재 차량이 배정되었다. 보통 1분 30초짜리 단발 리포트는 16mm 필름 카메라를 사용했다. 당시에는 표준, 광각, 망원 렌즈 3개가 헤드에 붙어 있고 태엽을 감아 필름을 돌리는 기계식 필모Filmo 카메라에 이어 캐논 스코픽Canon Scopic 16mm 카메라가 주로 사용되었다. 이 카메라는

• 백미숙, 「1970년대 KBS 텔레비전 교양 피디의 책무와 직업 정체성」, 한국방송학회 편, 『관점이 있는 한국 방송의 사회문화사』(한울아카데미, 2012), 354~364쪽.

이창근

태엽 대신에 배터리를 쓰고 줌이 가능한 싱글 렌즈 카메라여서 편리했다. 기계식 필모 카메라가 한번 태엽을 감아 36초밖에 촬영할 수 없었는데 비해 캐논 카메라는 10분 이상 연속 촬영할 수 있는 필름 매거진을 쓸 수 있어 편리했다. TBC 말년에는 필름에 녹음할 수 있는 테이프가 붙어 있는 필름이 출시되어 인터뷰를 한결 쉽게 할 수 있게 되었다.

취재를 끝내고 돌아오면 촬영한 필름 내용을 염두에 두고 기사를 작성한 다음 부스에 들어가 기사를 읽어 녹음한 뒤에 스톱워치로 멘트 시간을 재서 동행했던 촬영 기자에게 주면 기사에 맞춰 영상을 입혀 주었다. 필름을 사용하던 이 시기에는 취재기자가 기사를 읽은 오디오 테이프와 영상 테이프를 방송 전 주조종실에서 따로 기계에 걸어 작동시키는 원시적인 방식이었다. 저녁 9시 메인 뉴스에서 오디오 테이프는 미리 연결해서 문제가 없었지만, 국내 기사용 필름은 기사별로 기계에 걸었어야 했는데 방송 직전에 영상 테이프를 주조정실로 급히 가져다가 필름을 담은 상자를 바닥에 떨어뜨려 필름 순서가 뒤바뀌는 바람에 9시 뉴스가 '펑크'난 적도 있었다.•

영상 필름이 마그네틱테이프로 바뀌게 되면서 이런 실수

• 박충 TBC 카메라 기자의 회고(2016년 1월 24일).

는 크게 줄었고 뉴스 제작에도 많은 변화가 일어났다. 소니는 1974년 세계 최초로 포터블 U-매틱 비디오 리코더vO 3800를 출시한 뒤 방송용 영상 장비를 잇달아 내놓았는데, 1970년대 들어 텔레비전 방송 장비가 전자식으로 교체되는 추세를 감안해 TBC에도 내가 입사한 1978년에 소니 단관식single tube U-매틱 카메라와 녹화기, 편집기 한 세트가 도입되었고 1980년 언론 통폐합 6개월 전에 3세트가 들어와 인터뷰, 다큐멘터리, 스포츠 제작에 사용되었다.• U-매틱 장비는 카메라, 녹화기 외에도 베개만 한 배터리, 비디오 컨트롤 장치를 동시에 사용해야 했기 때문에 기동성이 떨어졌지만 필름 인화 과정을 생략하고 즉석에서 리플레이도 할 수 있었기 때문에 당시로서는 획기적인 변화였다.

특집부로 옮긴 나는 카메라 기자와 U-매틱 장비를 들고 충남 태안에 있는 천리포 수목원을 취재해 20분짜리 프로그램을 만들었다. 해방 후 정보장교로 부임한 미국인 칼 밀러Carl Miller가 1970년부터 사비를 털어 조성하기 시작한 이 수목원은 당시에도 상당히 넓었는데, 완도 호랑가시나무 등 다양한 꽃과 나무를 U-매틱 카메라로 클로즈업해서 찍으니 필름 카메라보

• 박충 TBC 카메라 기자의 회고(2016년 1월 24일).

이창근

내가 사용하던 Sony VO 2631 U-matic 편집기 모델.
나는 U-매틱 장비를 들고 천리포 수목원에서
다양한 꽃과 나무를 U-매틱 카메라로 클로스업해서 찍으면서 감탄하기도 했다.

다 훨씬 선명하게 재현되어 감탄했던 기억이 새롭다. 그러나 아직 컬러 방송이 아니었기 때문에 방송은 아쉽게도 흑백으로 내보내야 했다.

U-매틱 시스템은 스포츠 뉴스에서도 위력을 발휘했다. 체육부 김영일 기자는 동대문운동장에서 야구경기가 있을 때 카메라를 캐처cather 뒤에 고정해놓고 게임 전체를 녹화한 뒤, 홈런이나 히트 장면만을 골라 9시 스포츠 뉴스 기간에 방송해 빅 히트를 쳤다. '4번 타자 이○○ 선수 담장 가운데를 훌쩍 넘기는 굿바이 홈런을 치고 다이아몬드를 돌아 홈베이스를 밟았습니다'라며 타격 장면을 생생하게 보여주던 김영일 기자의 간결한 멘트가 인상적이었다. 이 편집 방식은 요즘 우리 눈에는 너무나 익숙한 장면이지만, 결정적 순간을 잡기 위해 경기 시간 내내 필름을 돌릴 수 없었던 시절, U-매틱 녹화 시스템은 제작비 절감뿐만 아니라 제작 시간의 단축, 현장감이 뛰어난 영상 등 필름 시대와는 비교할 수 없는 획기적 변화였다. U-매틱 장비의 도입으로 이른바 ENGElectronic News Gathering 시대가 열리게 되었다.

U-매틱 마그네틱 녹화 시스템의 도입으로 우리나라 텔

레비전 뉴스 제작에서 필름이 완전히 사라지게 된 것은 1980년 언론통폐합 직후 그해 12월 KBS가 컬러 방송을 시작하면서 부터다. 이 과정에서 언론통폐합으로 TBC의 모든 방송 기자재는 KBS로 넘어가게 되었는데 이에 얽힌 일화가 있다. 일본은 한국보다 20년 앞선 1960년 미국, 쿠바에 이어 세계에서 세 번째로 컬러 텔레비전 방송을 시작했는데 1964년 동양텔레비전(DTV, 1966년 TBC로 개명)이 개국하자 제휴 관계를 맺은 니혼TVnTV는 필요 없게 된 흑백 텔레비전 기자재 상당 양을 동양텔레비전에 주었다. 그 후 1980년 언론통폐합 조치로 TBC가 KBS에 통합되면서 TBC의 방송 장비도 KBS로 이전되었다. 그런데 10년쯤 지난 어느 날 니혼TV 관계자가 KBS를 찾아와 니혼TV가 역사박물관을 설립하게 되었다며 과거 동양텔레비전에 넘겨준 흑백 방송 기자재의 소재를 물으면서 다시 사가겠다고 했다고 한다. 이에 KBS는 보관하고 있던 흑백 기자재 몇 점을 돌려주었다고 한다.*

그동안 방송계와 학계에서는 우리나라에도 방송박물관을 세워야 한다는 건의가 무수히 개진되었고 1980년대 후반부터 KBS가 관련 자료를 정리해오고 있지만,** 우리나라에는 아

* 박충 TBC 카메라 촬영 기자의 회고(2016년 1월 24일).
** 2005년 말에 KBS가 보관하고 있는 사료는 40,656점이었다. 김성호, 「한국 방송역사 연구에 관한 제언고」, "방송을 통해서 본 한국 현대사" 토론문(한국방송학회·대한민국역사박물관 공동 주최 세미나, 2014년 8월 26일).

직 번듯한 방송박물관이 없다. 대중과 가장 밀접한 방송의 역사가 곧 한국 현대사의 일부이고 방송 기자재를 포함한 모든 방송 관련 자료가 방송 사료란 점에서 우리나라에도 방송박물관이 하루속히 건립되어야 한다. NHK는 이미 1956년 세계 최초로 방송박물관을 건립했으며 미국, 영국, 독일, 프랑스 등은 다양한 형태의 공공·민간 방송박물관이나 아카이브를 갖고 있다. 우리나라에 방송박물관이 아직까지 없는 이유는 재원의 문제라기보다는 필요성에 대한 정부 당국자나 국회, 방송사 경영진의 인식의 문제라고 생각한다. 그들이나 일반 국민이나 외국의 대도시를 방문할 때마다 거리에 즐비한 각종 박물관을 부러워한다. 한류로 영상 콘텐츠의 중요성에 대한 인식이 새로워지고 있는 지금 여론을 환기할 좋은 기회다.

팀워크로 만드는 텔레비전 방송 뉴스

기자가 원고를 써서 데스크에 넘기면 끝나는 신문과 달리 방송 뉴스는 팀워크가 필요한 훨씬 복잡한 프로세스였다. 우선 데스크에서 저녁 메인 뉴스에 리포트를 하라고 지시를 받게 되면 보통 촬영기자와 차량 기사 3인이 팀이 되어 취재를 나가야 했다. 이 경우 흔히 두 가지 문제에 신경을 써야 했다. 첫째는 행사와 같이 정해진 틀이 있는 소재는 촬영기자가 알아서 영상을 찍도록 내버려두었지만, 요즘도 주말 뉴스에 흔히 나오는 주말 스케치 기사나 특별히 영상에 신경을 써야 하는 소재에서는 촬영기자에게 여기, 저기를 찍어달라고 부탁을 하게 된다. 그러나 영상 욕심이 나서 촬영기자에게 과도한 요청을 하면 갈등이 생기게 된다. 특히 취재기자가 당시의 나처럼 연조年條가 짧고 촬영기자가 나이가 많은 경우는 눈치를 봐야 했다. 물론 프로 근성이 강한 촬영기자들은 나이와 관계없이 요청을 하지 않더라고 더 찍고 가자고 하는 경우도 있었다. 결국 프로로서의 자세와 평소 촬영기자와의 인간관계가 중요했다. 이런 관계는 요즘도 마찬가지일 것이다. 신문기자와 사진기자의 관계도 이와 비슷할 것이나 방송은 취재 결과물에 직접 영향을 끼치게 되기 때문에 훨씬 더 중요하다.

신경을 써야 할 사람은 또 있었다. 내가 기자였던 1978~1982년 무렵에는 기자가 자가용을 모는 경우가 거의 없었기 때문에 카메라 기자와 함께 취재 나갈 때는 취재용 회사 차가

배정되었는데 운전기사의 기분을 맞춰주는 것이 중요했다. 사회부 경찰기자 시절에는 1주일에 한 번 정도 야근을 했는데 밤에 시내 주요 경찰서를 순회하려면(당시 일본말로 "마와리廻り 돈다"로 표현) 기사와 함께 저녁 식사를 해야 했다. 이때 불고기 등으로 성의를 보여야 경찰서와 관내 주요 출입처를 많이 돌 수 있었다. 또 여름에는 수박 등 계절에 맞는 디저트에도 신경을 써야 했다.

밤에 경찰서를 순회할 때는 당직 형사들에게도 막걸리를 '배달'하는 것이 당시 경찰기자들의 관행이었다. 평소 형사와의 관계는 특종을 낚을 수 있는 형사의 귀띔에 영향을 끼칠 수 있었기 때문에 중요했다. 나는 술도 세지 못하고 넉살도 좋은 편이 아니어서 친하게 지내는 형사는 많지 않았다. 한번은 정보계에 근무하는 나이든 형사와 취재 때문에 심하게 다툰 적이 있는데, 당시는 멱살을 잡고 싶을 정도로 화가 났지만 그 후에는 나를 볼 때마다 친절하게 대해주던 기억이 난다. 내가 경찰기자를 처음 나갈 때 선배한테 들은 이야기는 형사과장에게 처음 신고할 때는 방문을 발로 뻥 차고 들어가라는 것이었다. 나이가 많은 형사들에게 강한 첫 인상을 남기는 방법이라는 것이었다. 하지만 나는 그런 배짱이 없었다.

　신경을 써야 할 사람들은 또 있었다. 외신부 시절, 앞에서 언급했듯이 비스뉴스에서 제공받은 필름이나 비디오 자료로 해외토픽 프로그램을 만들었는데, 방송 원고와 영상을 편집한 후 부조종실에 가서 녹화를 해야 했다. 보통 오후에 해야 했는데 부조정실에는 영상, 오디오 등을 컨트롤하는 엔지니어들이 있었다. 이들은 기자, PD들이 만든 자료에 자막을 넣어주고 아나운서들이 내레이션을 한 다음 방송에 내보낼 수 있게 최종 녹화 테이프를 만들어주었다. 그런데 기술부 직원들은 특유의 근성이 있어 비위를 거스르면 아무것도 할 수 없었다. 기자나 PD들도 녹화를 할 때는 눈치를 살피고 허리를 굽혀야 했다. 부조정실에는 창문도 없고 답답한 편이었는데 특히 더운 여름에는 무척 후덥지근했다. 여름에는 종종 아이스바나 시원한 청량음료를 동원해야 했다. 방송이 팀워크의 산물이란 사실을 실감한 때였다.

유신체제의 종말

내가 기자로 일했던 1978~1982년은 비록 짧은 기간이었지만, 한국 현대사의 격동기였기 때문에 많은 것을 경험할 수 있었다. 10·26, 12·12 사태, 서울의 봄, 5·18 민주항쟁, 5공의 등장……. 실로 정치적 격변기였다. 유신체제 동안 언론통제에 대해서는 많은 증언이 당시의 실상을 폭로해주었지만 나도 기억나는 것이 있다. 그때 보도국에는 남산에 있던 중앙정보부 요원이 하루가 멀다 하고 드나들었다. 당시 뉴스 원고와 영상을 취합·편성하는 편집제작부 테이블 위에는 빨랫줄 같은 선이 걸려 있었는데, 그 줄에 매일 중앙정보부의 보도 지침이 마치 빨랫감처럼 메모 형태로 걸려 있었다. 무슨 기사를 내보내지 말 것, ○○ 기사는 가급적 간단히 보도할 것, ○○ 기사에는 사진을 쓰지 말 것, ○○라는 표현은 쓰지 말고 □□로 통일할 것 등등 시시콜콜한 것까지 구체적으로 적혀 있었다. 당시 TBC 담당자는 박 씨 성을 가진 사람이었는데, 각 보도 지침 밑에는 대개 당시 보도국 기자들이 그를 부르던 '남산 박' 또는 산 모양만 아이콘으로 표시되어 있었다.[*]

• 당시 중앙정보부는 남산에 있었다.

이창근

그런 극심한 언론통제 하에서도 기자들은 정권의 실상을 알리는 기사를 한 줄이라도 더 내보내려고 어휘 선택에 고심하는 등 줄다리기를 했다. 당시는 모든 언론이 모니터되었기 때문에 지침을 어겼거나 삐딱한 기사가 나갔을 때는 금방 전화가 오거나 남산 박이 나타났다. 그는 보도국에 들어오면 보도국장 옆 의자에 앉아 국장과 이야기를 주고받았다. 그의 용모는 정보요원이란 고정관념과 어울리지 않는 미소를 띤 온화한 모습이었다. 그러나 보도국 데스크나 기자들이 그와 이야기를 나누는 분위기는 아니었다.

1979년 가을 무렵 나는 보도국 특집부에서 〈카메라 리포트〉라는 20분 길이의 보도 다큐멘터리를 제작하고 있었다. 궁정동에서 저격 사건이 일어났던 10월 26일 나는 강원도 일대의 굴피 집(산간 지방 화전민들이 굴참나무 껍질로 지붕을 이은 집)을 취재하고 설악동 여관에서 잤다. 다음날 아침 6시 30분쯤 아직 온돌방의 온기를 즐기고 있었는데 동행했던 카메라맨이 산책을 나갔다 오더니 "박통이 갔데!"라며 전날 밤 일어났던 쇼킹한 소식을 전해주었다. 당시 부산과 마산에서 일고 있던 시위로 정국이 위기 국면으로 치닫고는 있었지만 생각지도 못한 뜻밖의 소식이었다.

　그날부터 계엄령이 전국에 확대된 다음해 5월 17일까지 6개월 동안은 정국을 한치 앞도 예측할 수 없는 긴박한 기간이었다. 당시 외근 기자들은 정국의 추이를 취재하느라 바삐 돌아다녔지만, 내근 기자들은 보도 통제로 읽을 만한 정보가 없던 국내 통신 기사 대신 AP 통신 등 외신을 통해 사태를 파악하려고 했다. 12 · 12 사태를 궁정 쿠데타palace coup라고 지적해 감을 잡았던 해설 기사가 기억난다. 당시 주한 미군사령관이었던 존 위컴John A. Wickham 대장이 군부 권력의 이동에 따라 본분을 망각하고 줄 서기에 바쁜 한국군 장성들을 들쥐rats에 비유한 멘트를 외신에서 볼 수 있었다. 독재체제가 끝나고 자유를 맛볼 수 있는 시대가 오고 있다는 막연한 희망이 사라지기 시작한 그날 밤, 가슴을 짓누르던 답답했던 마음이 생각난다.

서울의 봄

　12 · 12 군사쿠데타 이후에 나는 사회부 경찰기자로 나가게 되었다. 1980년 봄 새 학기가 시작되자 대학가에는 긴급조

치로 해직 또는 제적되었던 교수와 학생들이 돌아오면서 학원 민주화를 요구하는 목소리가 커지기 시작했다. 또 그해 겨울에 덮친 2차 석유 파동으로 경제가 불황에 빠지면서 노동 쟁의가 봇물처럼 터지자 사회부 기자들은 눈코 뜰 새가 없었다. 그런 가운데 학생 시위가 절정에 달한 5월 15일 서울역을 비롯한 시내 중심가는 계엄 철폐를 요구하는 수만 명의 대학생으로 뒤덮였다. 서울역 광장에서 연좌시위를 하는 학생들 앞에서 취재수첩에 메모하고 있었는데, 기자 완장을 본 학생들이 우~ 우~ 하면서 사실을 제대로 보도하지 못하는 언론을 성토했다. 기자라는 신분이 부끄러운 순간이었지만, 그래도 현장을 기록해야 한다는 생각에 꾹 참고 수첩을 메웠다. 군중 앞에서 모멸감을 느낀 것은 생전 처음이었다. 그날 오후 남대문에서는 데모대와 경찰이 충돌해 경찰차가 불타고 전경대원 한 명도 숨졌다. 4·19 때 보았던 격렬했던 시위를 20년 만에 다시 보게 된 것이다.

이날 오후 시위대는 남대문을 지나 광화문 앞까지 진출해 구호를 외쳤는데 해가 저물어가면서 빗방울이 떨어졌다. 학생들이 광화문 네거리 동아일보사까지 진출하자 길 건너 세종문화회관과 정부종합청사 앞으로 착검을 한 군인들이 나타났다.

웃야 웃야 하며 총검술을 하기 시작했다. 같은 나이의 젊은이들이 누구를 무엇을 위해 이렇게 서로 맞서야 하는 것인가. 양 진영 사이에서 학생들의 구호와 병사들이 대응하던 소리를 듣던 나는 목이 메이고 가슴이 찢어지는 듯했다. 나라가 쪼개지고 망한다는 것은 바로 이런 경우를 두고 하는 말이구나 하는 생각이 들었다.

계엄령 하에서 모든 기사는 검열을 받아야 했다. 검열단은 시청에 자리 잡고 있었는데 뉴스 원고를 갖고 가면 군복을 입은 검열 요원들이 일일이 읽어보고 문제가 된 데는 빨간 줄을 북북 그었다. 나는 5월에 사망한 유고슬라비아 티토Tito 대통령에 관한 특집 프로그램을 만들어 원고와 비디오테이프를 들고 검열단에 갔다. 그러나 검열 요원은 왜 하필 이런 시기에 공산주의자에 관한 프로그램을 내보내려고 하는가라며 방송 불가라고 말했다. 저녁 8시 방송 나가기 2시간 전이어서 난감한 상황이었다.

나는 검열단장에게 티토는 공산국가 수반이기는 하지만 스탈린과 대립했고 무엇보다 인도의 네루 수상, 이집트의 나세르 대통령 등과 함께 미국과 소련이 양분한 국제정치 구조에서

이창근

독자적인 비동맹회의 운동을 주도한 사람이기 때문에 냉전적 시각으로 봐서는 안 된다고 주장했다. 한동안 장교들과 옥신각신했는데 한참 있다 대령 계급장을 단 검열단장이 물불 가리지 않고 우기던 나를 봐주려고 한 건지 통과시켜주었다. 나중에 시청 출입 선배한테 들은 이야기지만 당시 우겨대던 내 뒤로 검열 요원이 수갑을 갖고 와 있었다고 한다. 단장이 사인만 하면 끌려갈 참이었다. 그런데 사람의 인연은 묘하다. 검열단에서 자주 보던 한 영관 장교를 언론통폐합 직후 KBS에서 마주치게 되었다. 그도 나를 알아보는 눈치여서 나는 어떻게 오셨냐고 물었더니 예편하고 오게 되었다고 했다. 한 식구가 된 것이었다! 당시 KBS에는 사방에서 낙하산 타고 들어오는 사람이 많던 시절이었다.

검열 받으러 시청을 들락거리던 무렵 5월 17일 밤 자정이 가까워 검열을 받고 있었는데 순간 방 분위기가 심상치 않았다. 무슨 일이 일어난 것을 직감했는데 알아보니 자정부터 계엄령이 전국으로 확대된다는 것이었다. 나는 즉시 야간 데스크에 연락해 사실을 알리고 전화로 라디오 리포트를 했다. 제일 먼저 보도한 셈인데 결코 명예스럽지 못한 일이었다. 그해 11월

30일 밤 8시 45분, 나와 보도국 동료들은 데스크에 둘러앉아 메인 뉴스인 〈TBC 석간〉의 마지막 방송을 묵묵히 지켜보았다.● 다음 날 12월 1일자 자매지인 『중앙일보』 사회면 〈왈순아지매〉 만화 옆에는 "TBC 방송 종결"이라는 단신만 짤막하게 게재되었다. 언론통폐합이 어처구니없는 희극이었기에 편집기자가 무언의 항변으로 의도적으로 만화 옆에 배치한 것 아닌지 모르겠다.

한 지붕 네 가족

TBC가 깃발을 내린 다음 날 직원들은 황량한 여의도 벌판에 신축된 TBC 별관(그날부터 KBS에 이전)으로 출근을 했다. 그날 따라 겨울 바람이 매서웠다. 스튜디오 건물은 겨우 공사가 끝난 엉성한 모습이었다. 출석 신고를 하고 삼삼오오 모여 서성거리다 돌아왔다. 그 후 기자들은 대부분 보도본부로 배치되어 KBS, 기독교방송, 동아방송, 동양방송 기자들이 뒤섞여 한 지붕 밑에서 같이 일하게 되었다. 기자들은 출입처에 나가면 매일 만나고 타사 기자들도 '선후배'로 부르는 것이 관행이

● 마지막 〈TBC 석간〉 뉴스가 녹화된 시디롬을 오래간 만에 다시 보니 뉴스 프로그램 직전에 CM이 하나 붙어 있었다. '지미신'이라는 감기약 광고였다. 상업방송의 숙명이었나 보다.

이창근

(위) 1980년 11월 30일 오전 9시 55분.
TBC가 방송을 내보낸 마지막 날 사옥 앞에서. (뒷줄 맨 왼쪽이 필자)
(아래) 1980년 11월 30일 밤 8시 45분, 나와 보도국 동료들은 데스크에 둘러앉아
〈TBC 석간〉의 마지막 방송을 묵묵히 지켜보았다.
〈TBC 석간〉을 기다리던 보도국 기자들. (텔레비전 벽 왼쪽에서 첫 번째 서 있는 이가 필자)

기 때문에 낯설지는 않았지만, 그래도 조직문화가 달랐기 때문에 거리감은 어쩔 수 없었다.

나는 2년 반 후에 KBS를 떠났지만 내가 있던 언론통·폐합 초기에는 부 회식 때가 아니면 대부분 따로 모여 식사를 했다. 특히 인사철이 되면 어느 방송국 출신이 승진을 많이 하고, 홀대를 받았는지 예민했다. 서로를 동업자라고 표현하는 직업문화 때문에 갈등이 표면화되지는 않았지만 회식 자리에서는 주된 안줏거리였다. 그 후에도 '출신'을 따지는 의식은 오랫동안 지속되었다고 한다. 30년의 세월이 흐른 뒤 지난 2~3년 사이에 언론통·폐합 출신들은 다 퇴직해 1980년 군부에 의해 강제로 내몰렸던 기자들의 기구한 인생 역정도 끝났다. 내가 요즘도 만나는 옛 TBC 동료들 중에는 KBS 근무 경력이 더 긴 사람이 대부분이다. 하지만 이제는 저 멀리 역사의 뒤안길로 사라진 TBC를 여전히 친정으로 여기는 분위기다. 그때의 한과 트라우마가 아직도 가슴 한구석에 자리 잡고 있기 때문일까?

KBS로 넘어갔을 때 내 시선을 끈 것 중의 하나는 내근하는 KBS 기자들이 당시 공무원들이 근무할 때 입었던 베이지색 상의를 입고 명찰을 달고 있던 모습이다. 슬리퍼를 끌고 다니던 사람도 기억난다. 보도본부의 공간이 넓어서 그랬는지는 모르지만 뭔가 한적하고 느긋한 분위기였다. 민영방송과는 퍽 다른 느낌이었다. 월급도 20~30퍼센트 정도 줄어 푸념을 늘어놓았던 것 같다.* 당시 보도본부 간부의 발언이 아직도 기억에 생생하다. 어느 날 민영방송 3사에서 온 기자들을 모아놓고 훈시를 했는데, '빨리 체질을 바꾸는 것이 좋다'는 내용이었다. 후배들을 위하는 선배의 솔직한 충고였을 수도 있지만, 어쨌든 민영방송 체질을 버리고 하루속히 KBS 조직문화에 적응하라는 말은 충격이었다. 그 양반이 민영방송 출신이었기에 더욱 그랬다. 그 후 나는 새 길을 찾아야겠다는 생각을 하게 되었다.

다시, 타임라인 위에 서서

인간의 역사, 미디어의 역사, 한국 현대사에서 내가 살아온 시간은 어떤 의미를 갖는 시간이었나? 연구실을 정리하면서 새삼 떠오르는 생각이다. 돌이켜보면 내 어린 시절 한국은 위로부터의 근대화 작업이 시작되던 시기였다. 농촌사회가 서서히 해체되고 산업사회로 이동하던 시기였다. 초등학생이던

---

* 내가 대학원 2년을 마치고 KBS를 다시 찾아갔을 때 KBS 주차장은 자가용이 가득 차 있었다. 마이 카 붐이 불어서 그랬는지는 모르겠지만, 어쨌든 기자들 경제 사정이 크게 개선된 것 같았다. 회식 때 한 경제부 선배가 지갑에서 돈을 꺼내는데 흘긋 보니 빳빳한 만 원짜리 수십 장이 들어 있어 놀랐다. 5공 하에서 기자들의 처우는 대폭 향상되었고 이후 방송기자 전성시대가 시작되었다. 내가 너무 성급하게 사직을 한 것 아닌가 하는 생각도 들었다.

시절 신문·영화·라디오가 주된 매체였지만, 그 보급은 도시에 집중되어 영향력은 제한적이었다. 중학생이 된 1960년대에 들어 라디오가 전국에 확산되고 텔레비전이 등장하면서 매스컴의 위력이 발휘되기 시작하고 대중문화가 형성되던 시기였다. 구텐베르크 이후 인쇄매체에 이어 전자 미디어를 차례로 발명한 서구가 수백 년에 걸쳐 단계적으로 책-신문-영화-라디오-텔레비전을 발전시키고 수용한 데 비해 1950년대 한국에서는 근대 이전의 구술문화 전통이 여전히 살아 있었을 뿐만 아니라 신문, 라디오의 확산과 더불어 텔레비전까지 연이어 도입되면서 한국인들은 매우 짧은 기간에 다양한 미디어를 경험하게 되었다. 개항기부터 잡아도 반세기 조금 넘는 기간에 근대와 현대적 미디어를 거의 동시에 접하게 된 것이다. 개발도상국들이 흔히 경험하는 바지만, 한국에서도 대중매체의 도입과 수용이 짧은 기간에 매우 압축적으로 이루어진 셈이다.[*] 이 점에서 나는 이미 10대 전후에 서구인들이 수백 년에 걸쳐 점진적으로 받아들인 대중매체를 단기간에 집중적으로 맛본 한국의 첫 다매체 향유 세대라고 부를 수 있을 것이다.

이러한 관점에서 서구보다 짧은 기간에 연속적으로 미디

---

[*] 김상호, 「한국 텔레비전 테크놀로지의 사회적 수용: 매클루언의 접근 방식을 중심으로」, 『방송문화연구』, 제23권 제1호(2011), 95쪽.

어가 도입된 한국에서 대중매체의 영향에 대한 분석은 미디어 생태계적 관점에서 매체 간 상호작용과 그 효과에 대한 연구가 필요하다. 단계적으로 미디어를 발전시키고 수용해온 서구보다는 복잡하지만 그만큼 흥미로운 작업이 될 것이기 때문이다.

어려서 라디오와 텔레비전을 즐기던 경험과 방송기자 경험 때문인지 나는 교수가 된 다음에도 신문보다는 방송에 관심을 갖게 되었다. 1988년 귀국 직후 민영방송의 재도입 문제를 두고 학계의 의견이 갈리면서 나는 방송제도에 관심을 갖게 되었고 공영방송의 중요성도 깨닫게 되었다. 언론의 자유 면에서 미국은 영국보다 앞서고 좋은 신문이 많은 나라지만, 방송의 창의성과 질 면에서는 영국에서 배울 점이 더 많다는 생각을 갖게 되었다.

미국이 국력에 어울리지 않게 속빈 방송문화를 갖게 된 데에는 여러 이유가 있지만 미국의 독특한 전통에 원인이 있다. 미국은 개인의 자유를 신성시해 공동체주의적communitarian 사고가 약하고 시장경제에 대한 신념이 신앙의 경지에 도달해 있다. 따라서 방송을 시장에 맡기지 않고 공공서비스public service로 정착시킨다는 것은 애초부터 불가능했다. 라디오 방송이 처음 시작되었을 때 신문사, 교회, 사회단체 등 다양한 집단이 라디오 방송을 했고 도입 초기에 방송국 허가를 받은 대학이 200개가 넘었을 뿐만 아니라[*] 그 후 교육계에서 방송개혁 운동이 일어났지만 결국 거대한 상업 자본에 의해 질식해버리고 만 것이 그 한 증거다. 이와 달리 영국은 비록 국가가 주도하기는 했지만 직접 개입을 피하고 공공서비스로 정착시켜 세계에 귀감이 되었다.

하지만 애초에 라디오가 전화처럼 의사소통을 위한 쌍방향 미디어로 발전하지 못하고 텔레비전마저 일방적으로 메시지를 쏟아내는 거대 방송 조직에 장악되어 많은 왜곡과 억압, 소외를 초래하게 된 것은 미디어에 내재된 '급진적 잠재력'이 사회·문화적 요인에 의해 억제되었기 때문이다.[**] 공영방송처럼 미디어 기술을 긍정적으로 제도화한 것은 그나마 다행이었지만, 기술에 포함된 무한한 잠재력이 발휘되도록 더 창의적이고 급진적으로 조직하지 못한 것은 안타까운 일이다. 미디어 역사에서 배울 수 있는 교훈이다. 구글이나 페이스북이 우리에게 주는 자유와 선택도 결국 프로그래머들이 짜놓은 틀 안에서 제한된 자유와 선택(좋아요!)이라는 점에서 디지털 미디어의

[*] Christopher Sterling and John Kittross, 앞의 책, p.78.
[**] Brian Winston, 『Media technology and society: A history: From the telegraph to the internet』(London: Routledge, 1988), p.11.

이창근

미래가 라디오와 텔레비전의 역사와 크게 달라질 것 같지는 않다. 외부 세계를 더 투명하고 가까이 보고 싶어 하는 인간의 원초적 욕망이 지금보다는 좀더 충족될 것 같기는 하지만.

> 전화, 레코드, 영화, AM, FM, 트랜지스터 라디오, 흑백·컬러 TV, 케이블 TV, IPTV, 텔스타 위성 전화, IBM PC, XT, AT, 펜티엄, 팩스, 윈도, 이메일, 월드와이드웹, 휴대전화, MP3, 문자……

반세기 훌쩍 넘는 시간 동안 내가 배우고, 사용하고, 즐긴 미디어들이다. 이 점에서 이들 미디어는 나의 오관五官을 확장시켜주고 생활을 편리하게 해준 도구들이었다. 그러나 다른 한편으로 이들 미디어는 마르틴 하이데거Martin Heidegger가 지적한 것처럼 인간인 나를 테크놀로지가 요구하는 특정한 방식으로 몰아세웠는지 모른다.[*] 나는 이 도구들을 사용하기 위해 복잡한 사용 방법이나 프로그램된 방식을 배워야만 했고, 또 그것이 요구하는 대로 내 사고와 행동양식을 기기에 적응해야만 했기 때문이다. 어느 면에서 나는 이 미디어를 편리하게 사용했

---

[*] 이승종, 『뉴미디어에 대한 매체철학적 해석』(정보통신정책연구원, 2008), 40~43쪽.

지만 다른 한편으로는 이 도구들이 요구한 것에 나 자신을 적응시켰고, 그사이 내 존재 양식과 사유 방식은 회복 불가능하게 변해갔는지 모른다. 문자를 모르고 말만 했던 호메로스 시대의 구술 인간이 그랬고 구텐베르크가 찍어낸 책을 읽은 인간도 그렇게 변해갔다.

바야흐로 컴퓨터가 스스로 학습하는 제2의 기계시대, 4차 산업혁명의 막이 오르고 있다. 극동이라는 지구 한 모퉁이에서 미디어 혁명의 여명기에 태어나 라디오, 텔레비전의 전성기를 보낸 나는 이제 생각하는 컴퓨터가 손짓하는 '멋지고 놀라운 신세계Brave New World'로 이끌려가고 있다. 하지만 어느새 머리카락 색이 바래버린 나는 그곳이 올더스 헉슬리Aldous Huxley가 예언한 행복한 바보들이 사는 세상이 될지 조지 오웰George Orwell이 예상했던 비정한 세상이 될지 확인하지는 못할 것이다. 그렇지만 괜찮다. 내가 마지막으로 가보고 싶은 곳은 이 지구 위에는 없기 때문이다.

이창근

제2장

신문과 나

신문과 나

어느 아날로그형 인간의 디지털 시대 분투기

강준만
전북대학교 신문방송학과 교수

내겐 엄청난 축복이었던 '메디슨 시절'

"각종 부정의와 불평등이 학벌사회의 폐해라고 지적하면서도 한국은 여전히 학벌사회다. 대학을 일렬로 줄세우는 것도 모자라 박사여도 국내 박사인지 외국 박사인지를 따진다. 학벌 피라미드의 꼭대기에는 미국 명문대 박사가 있다.……한국 사회에서 힘깨나 쓴다는 미국 유학파 대부분도 미국 본토에선 한

없이 초라한 비주류일 뿐이라는 게 저자의 주장이다. 개구리 올챙이 적 생각 못하고 마치 지배층이나 되는 양 어깨에 힘 주고 다닐 때가 아니다. 어떻게 하면 과도한 미국 의존도를 탈피해 한국 사회와 미국 사회의 격차를 해소할 것인가. 저자는 '엘리트 지식인이라면 마땅히 그 방법을 찾는 데 온 힘을 집중해야 한다'고 말한다."•

『경향신문』 2015년 5월 16일자에 실린 「실력보다 학벌…미국 유학파의 '일그러진 자화상'」이라는 기사를 일부 소개한 것이다. 김종영 경희대학교 사회학과 교수가 쓴 『지배받는 지배자: 미국 유학과 한국 엘리트의 탄생』이라는 책의 서평 기사다. 이 책을 재미있게 읽었다. 아주 좋은 책이다.

미국 유학파. 별로 좋은 소리 못 듣는다. 내 개인적인 데이터베이스엔 미국 유학파에 대한 비판적인 기사가 수북히 쌓여 있다. 이 책을 출간하게 되면서 그 점이 마음에 걸렸다. 학벌주의를 맹렬하게 비판해온 처지에 미국 유학 시절에 만나 같은 분야를 공부하면서 우정을 나눈 사람들끼리 최연장자의 정년퇴직을 기념하는 책을 낸다? 그걸 아름답게만 볼 수 없는 여러 (부정적) 이유가 떠올랐지만, 그걸 상쇄하고도 남을 여러 (긍

• 권재현, 「[책과 삶] 실력보다 학벌…미국 유학파의 '일그러진 자화상'」, 『경향신문』, 2015년 5월 16일.

　　　　　　　　　　　　　　　　　　　　　강준만

정적) 이유도 동시에 떠오르는 걸 어이하랴.

내가 미국 유학을 간 건 1983년이지만, 석사학위는 다른 대학에서 받고 박사학위를 위해 위스콘신대학이 있는 메디슨 Madison이라는 캠퍼스 도시에 간 건 1985년 초였다. 1988년 여름에 박사학위를 받고 귀국했으니, 그 도시에서 3년 반을 보낸 셈이다. 그간 27~30년의 세월이 흘렀다는 게 도무지 믿기질 않는다.

교수들은 만나서 공부 이야긴 하지 않는다. 물론 그렇지 않은 교수들도 있겠지만, 사적인 자리에서 자신들의 전공 주제를 놓고 열변을 토하면서 상호 의견교환을 하는 과정을 통해 공부를 하는 교수들은 희귀하다고 말해도 무방할 것이다. 내가 메디슨 시절을 매우 소중할 뿐만 아니라 애틋하게 생각하는 건 '잡담을 통한 공부'의 기회를 원 없이 누렸다는 점이다.

이창근 교수, 조흡 교수, 나, 원용진 교수가 그런 잡담의 주요 멤버들이었다. 네 사람 중에서 공부가 가장 모자랐던 내가 '잡담을 통한 공부'의 가장 큰 수혜자였던 것 같다. 당시 나는 유일한 미혼이었기에 잡담 기회는 곧 제대로 된 집밥을 얻어먹을 수 있는 소중한 기회이기도 했다. 잡담의 주제들은 다양했지만, 그 어떤 주제로 이야기를 하건, 우리에겐 '꿈과 열망'이 있었다. 그 '꿈과 열망'에 세속적인 면이 없었다고 말할 수는 없겠지만, 공부 자체에 대한 게 훨씬 더 컸던 것 같다.

미국 유학이 아니었다면 결코 누릴 수 없는 호사였다. '미국 유학과 한국 엘리트의 탄생'에 대한 김종영 교수의 논점은 '지배받는 지배자'이지만, 나는 훗날 기회가 닿는다면 다른 논점으로 비슷한 책을 써보고 싶다. 학부 시절에 경영학을 전공하고, 교수들과는 아무런 인연도 없고, 게다가 대학을 졸업한 지 3년이 지난 후에 뒤늦게 다른 분야를 공부하고 싶어하는 사람에게, 어떤 길이 가능했을까?(우연인지는 모르겠지만, 원용진 교수를 제외한 세 사람은 학부 전공이 신문방송학이 아니다.)

학부 전공이 다르다는 이유로 차별 받을 일도 없고, 이른바 '캠퍼스 정치'도 필요없었다는 점에서, 그리고 '잡담을 통한 공부'의 기회를 원 없이 누릴 수 있었다는 점에서 내게 메디슨 시절은 엄청난 축복이었다. 그 축복에 대한 감사의 상당 부분은 이창근 교수, 조흡 교수, 원용진 교수에게 해야 하지만 얼굴 마주 보고 그 뜻을 전할 기회는 없었다. 이 기회를 빌려 말씀드리고 싶다. "고맙습니다. 정말 고맙습니다."

강준만

메디슨 시절부터 27~30년의 세월이 흐른 지금, 나는 그 시절에 품었던 꿈을 이루지 못했다. 아니 그건 결코 이룰 수 없는 꿈이겠지만, '초심'은 그대로다. 나는 여전히 읽고 쓰는 데 미쳐 지낸다. 재미있다. 재미는 습관이다. 나는 메디슨 시절 그 습관에 중독되었다. 앞으로 건강만 허락한다면, 그 습관을 한 20년 더 가져가고 싶다. 이제 '신문과 나'라는 본론으로 들어가련다.

왜 책이나 잡지에 고춧가루가 박혀 있었나?

"해방 직후에 찍어낸 각종 잡지들을 보면 당시의 심각했던 물자난과 힘겨웠던 경제 사정을 짐작하고도 남음이 있다. 매우 결이 거친 마분지馬糞紙에 구멍이 숭숭 뚫렸다던가, 재생 종이를 만드는 과정에서 미처 덜 파쇄된 신문지의 활자가 군데군데 거꾸로 박혀 있는 광경을 보면 눈물겹다. 더욱 기절초풍할 사실은 재생종이의 투박한 표면에 수상한(?) 고춧가루가 점잖게 박혀 있다는 점이다. 아마도 화장실 '질가미'(휴지)의 흔적이리라."•

• 이동순, 「 막간 아가씨'와 손풍금」, 『월간조선』, 1998년 5월, 556~557쪽.

그 시절을 살았던 이동순의 증언이다. 하긴 당시는 여기저기서 '종이를 달라!'는 외침이 터져나오던 시절이었다. 『조선일보』 1946년 12월 10일자가 용지 난에 대해 "방금 남조선에는 출판문화의 일대 위기에 직면해 있다"고 쓴 걸 보더라도, ● 당시 종이가 얼마나 귀했는지 알 수 있겠다.

1956년생인 나의 종이에 얽힌 추억은 1960년대부터인데, 가장 먼저 떠오르는 것 역시 화장실이다. 1940년대만큼은 아니었지만, 그때도 종이는 귀한 편이었다. 화장실 휴지로 읽고 난 신문지를 쓰는 집이 많았다. 신문을 구독하지 않는 집도 많았지만, 그런 집에서도 헌 신문지를 구해 화장실 휴지로 사용했다.

그때도 이미 오늘날 쓰는 화장실용 휴지를 쓰는 가정이 있었는지 모르겠지만, 내가 초등학교 때까지 어린 시절을 보낸 전남 목포시 중앙동에 그런 집이 있다는 말을 들은 기억은 없는 것 같다. 신문지로 뒤를 닦으면 시커먼 잉크가 묻어났지만, 신문지는 다른 종이에 비해 비교적 부드러운 편이어서 화장지로선 고급에 속하는 것이었다.

처음부터 지저분한 이야기를 해서 미안하지만, 그게 신문

● 이임자, 『한국 출판과 베스트셀러 1883~1996』(경인문화사, 1998), 95쪽.

강준만

에 얽힌 내 기억의 첫머리를 장식하고 있는 걸 어이하랴. 그다음 기억은 초등학교 몇 학년 때인지 정확히 기억은 나지 않지만(5학년?), 내가 쓴 글이 신문에 실린 사건이었다. 목포 아니면 전남 지역을 대상으로 한 지역 일간지였던 것 같은데, 내가 쓴 글을 내 주변의 누군가가 신문사에 보내 '어린이 칼럼' 비슷하게 게재된 것이었다. 내심 뿌듯하게 생각했던 기억이 난다.

여기까지 써놓고 며칠을 그냥 보냈다. '신문과 나'라는 주제로 그간 내 삶에서 신문에 얽힌 이야기를 하려고 하는데, 어린 시절이 어렴풋하게 기억될 뿐 도무지 글을 쓸 만한 이야깃거리가 떠오르질 않으니 어쩌겠는가 말이다. 아니 이야깃거리는 많은데, 글로 옮길 만한 구체적 사실이 생각나질 않는다.

나는 "내가 신문에서 봤다니까!" 세대다. 활자화된 글에 엄청난 권위와 신뢰를 부여하던 시절을 살았다는 이야기다. 당시 어른들은 일상에서 가벼운 말다툼을 하다가 자기 주장의 권위를 살릴 필요가 있으면 꼭 그 말을 했다. 재미있는 에피소드가 아주 많았던 것 같은데, 도무지 기억이 나질 않는다. 우리 집안에서 '기억의 천재'로 불리는 두 살 아래 동생에게 전화라도 해볼까?

『선데이서울』을 어떻게 구해서 읽었더라?

　　그러다가 신문의 신간서적 안내 지면에서 김창남 성공회
대학교 신문방송학과 교수가 출간한 『나의 문화편력기: 기억
과 의미의 역사』라는 책을 소개한 기사를 읽었다. 지금 내가 쓰
려고 하는 글의 성격과 비슷한 책인 것 같아 즉시 구해 읽어보
고선 두 손 들고 말았다. 한마디로 놀라웠다. 이 책은 자신의
어린 시절 대중문화 경험에 대한 기록인데, 내가 놀란 건 그의
뛰어난 기억력이었다. 김창남 교수는 자신이 훗날 문화평론가
이자 신방과 교수가 될 걸 미리 알고 메모를 해두었던 걸까? 그
런 생각마저 들 정도였다.

　　내가 중학교 2학년 때인 1968년에 나온 『선데이서울』만
해도 그렇다. 이 주간지는 당시 서울에선 남자 중학생들이 몰
래 보던 애독지였다. 늘 고정적으로 게재된 수영복 차림의 미
녀 사진을 열심히 보았던 기억과 더불어 어떤 아이가 그걸 학
교까지 가져와 돌려 보다가 선생님에게 압수당했던 사건이 있
었다는 기억이 난다. 나중에 언론사를 공부하면서 이 주간지가
전국의 청소년들에게 인기였다는 걸 알게 되었는데, 나는 딱

이 정도다. 그런데 김창남 교수의 책엔 이 주간지에 대해 너무도 실감나는 이야기가 묘사되어 있는 게 아닌가.

"성인용 잡지를 대놓고 보기 어려웠던 내가 가장 자주 이 잡지를 만날 수 있던 건 이발소라는 공간에서다. 당시 웬만한 이발소에는 손님들이 순서를 기다리는 무료한 시간을 때울 수 있도록 성인잡지나 만화책들을 비치해두고 있었다. 나 역시 이발소에서 이 책들을 읽었다. 이발소 주인 아저씨는 미성년자인 내가 성인잡지를 뒤적이는 걸 보면서도 뭐라 하지는 않았다. 어쨌든 나도 단골손님이었으니까. 이발소를 갈 때마다 일부러 사람들이 많은 시간을 택했고, 거기서 영원히 내 순서가 오지 않기를 바라며 『선데이서울』을 탐독했다."•

이 대목을 읽는 순간, 떠오르는 의문. "어, 나는 이걸 어떻게 구해서 읽었더라? 내가 직접 사서 읽었던가? 아니면 집에 있었던가? 나도 혹 이발소? 아니면 학교?" 내가 두 손을 든 결정적인 이유다. "이런 부실한 기억력으로 뭘 해보겠다는 건가!" 김창남 교수의 책을 읽지 않았다면, 나는 내 부실한 기억력을 쥐어짜가면서 이런저런 시답잖은 이야기를 엮어내느라고 진땀깨나 흘렸을지 모르겠다.

• 김창남, 『나의 문화편력기: 기억과 의미의 역사』(정한책방, 2015), 168쪽.

「선데이서울」은 1968년 9월 22일 창간호를 발행한 이후
1991년 12월 폐간될 때까지 한국 사회에서 최초의 통속잡지였는데,
남자 중학생들이 몰래 보던 애독지이기도 했다.

신문지로 만든 종이 딱지 이야기라든가 지금은 사라진 신문 호외가 비행기에서 뭉텅이로 떨어진 걸 본 이야기라든가 뭐 그런저런 이야기를 긁어모아 보려고 애를 썼겠지만, 미련없이 두 손 들고 수십 년의 세월을 건너뛰면서 1980년대 말로 직행하기로 했다. 남들과는 크게 다른 나만의 유별난 이야기가 이 시절부터 비롯되었고, 이건 비교적 생생하게 기억하기 때문이다.

건너뛴 세월의 이야기를 압축해 소개하자면, 내가 신문을 매우 사랑했다는 것이다. 아버지가 신문 애독자였기에 처음엔 그 영향을 받았겠지만, 신문 사랑에 관한 한 단연 청출어람靑出於藍이었다. 수집하는 버릇까지 있어서 신문을 모아 두었다가 공간 문제로 눈물을 머금고 버렸던 게 한두 번이 아니었다. 가끔 텔레비전에서 신문을 수십 년째 보관하고 있는 '기인'들을 만나면 그들의 일편단심에 경외감을 갖는 것도 '덕후'의 경지에까지는 이르지 못한 내 어설픈 애호에 대한 아쉬움 때문이리라.

'가성비'가 크게 떨어지는 신문 스크랩

어설픈 애호가였지만 별나긴 했다. 언젠가 공간 문제 때문에 쌓인 자료를 처분하는 과정에서 내가 미국 유학 시절에 모아 두었던 신문 스크랩 더미를 보고선 나 자신에 대해 기특하게 생각하는 동시에 어이없어 했다. 『뉴욕타임스』 스크랩까지는 이해하겠는데, 내가 다니던 학교의 동네 지역신문부터 대학신문까지 다 챙겨놓은 걸 보고선 내심 이런 생각을 했다. "아이고 그 시간에 미국 사람들 만나 영어나 좀 하지 그랬냐?" 독자들께선 이미 내 영어 실력이 부실하다는 걸 눈치챘겠지만, 그 시절로 다시 돌아간다 해도 내가 크게 달라질 것 같진 않다. 물론 그런 자료들을 제대로 써먹은 경우도 있기는 하다. 예컨대, 내가 『커뮤니케이션 사상가들』(1994)에 쓴 「조지프 매카시와 매카시즘」이라는 글엔 다음과 같은 이야기가 나온다.

"1986년 위스콘신주에서는 작은 논쟁이 하나 벌어졌다. 1959년 5월 2일 매카시의 사망 2주기를 기념해 과거 매카시가 일했던 아우타가미Outagamie 법원 입구에 세워진 매카시의 흉상을 이젠 철거해야 한다는 사람들과 그대로 두어야 한다는 사람들 사이에 격론이 벌어진 것이다.[*] 그 다음 해인 1987년에는 밀워키에서 매카시의 사망 30주기를 기념하는 행사가 '매카시 교육재단Joseph R. McCarthy Educational Foundation'의 주최로 개최되었다. 그 모임에 참석한 사람은 300여 명이었는데, 그중 반은 보도진이었고 나머지는 거의 노인들 아니면 극우단체인 존 버치 소사이어티John Birch Society 회원들이었다. 이 자리엔 장제스의 부인도 참석하기로 되어 있었으나 폐렴으로 인해 불참했다. 그 자리에 참석한 사람들은 오늘날 미국은 매카시와 같은 위대한 반공 지도자가 절실히 필요하다고 추모했다. 『매카시: 30년 후 McCarthy: 30 Years Later』의 저자인 M. 스탠턴 에번스M. Stanton Evans는 추모 연설을 통해 매카시에 관한 잘못된 기록을 바로잡아야 한다고 역설했다. 그는 공산당의 전복 음모는 지금도 계속되고 있다고 주장하면서, 매카시의 사망 직후 없어진 '하원 반미국적 활동 조사위원회House Un-American Activities Committee'와 같은 기구들이 많이 필요하다고 주장했다. 그의 바로 뒤에는 '공산주의 지도Communist Scoreboard'가 걸려 있었다. 그건 세계 지도에 공산주의자들의 영향력을 표시한 것이었다. 그 지도에 따르면, 공산당의 영향권은 미국이 25~50%, 유럽은 거의 대부분이었다."[**]

• 「Side Form over Removal of Joseph McCarthy Bust」, 『Wisconsin State Journal』, July 12, 1986, p.4.
•• Tim Vanderbilt & Scott Sherman, 「America Needs Another McCarthy, Followers Say」, 『The Daily Cardinal』, May 4, 1987, p.8.

이건 내가 당시 스크랩해두었던 위스콘신 지역 신문과 대학신문을 이용해 쓴 것이다. 그러나 신문 스크랩을 좋아하는 분들은 잘 아시겠지만, 그렇게 활용하는 경우는 많지 않다. 대부분은 그냥 스크랩을 하는 과정에서 그 기사의 내용에 대해 한두 번 더 보게 된다는 의미만 있을 뿐 스크랩에 들이는 공을 생각하면 요즘 유행하는 말로 '가성비'가 크게 떨어진다. 좀더 정확히 말하자면, 노력 대비 효용이라는 점에서 '노효비'라고 해야겠지만 말이다. 지금 내 서재, 아니 자료 창고엔 그렇게 가성비가 떨어지는 자료가 아직도 적잖이 쌓여 있다. 유학을 마치고 귀국시 서울세관에서 내 이사짐을 보고 세관원이 좀 어이없어 했을 정도다. 트집 잡을 게 전무했다. 100퍼센트 책과 자료, 각종 복사물뿐이었으니 말이다.

물론 나는 이 점에서도 여전히 '덕후'의 경지엔 이르지 못한 어설픈 애호가일 뿐이다. 지난 2011년 교환교수로 미국 콜로라도대학(덴버 캠퍼스)에 갔을 때 덴버에 사는 친한 친구 집에 들렀는데, 나는 그의 집 지하실에 들어갔다가 "졌다!"고 외치지 않을 수 없었다. 그는 중고등학교는 물론 초등학교 때의 책과 노트까지 보관하고 있었다. "너 텔레비전 나가라!"고 했지만, 텔레비전을 보면 그런 내 친구조차 명함을 못 내밀 정도로 쟁쟁한 덕후들이 자주 등장한다.

수십 종의 신문을 정기 구독하던 시절

내 프로페셔널한 신문 수집은 내가 전북대학교에 교수로 자리잡은 1989년부터 시작되었다. 명색이 신문방송학과 교수였으니, 남이 흉보기도 어려운 그럴듯한 명분이 있었다. 당시만 해도 텔레비전 드라마를 열심히 보는 교수는 좀 모자라거나 천박한 교수로 여겨지기 십상이었지만, 신방과 교수들은 그 점에서도 특혜를 누릴 수 있었다. 재미있게 즐기면서도 '연구용'이라는 핑계를 댈 수 있었으니 말이다.

1989년은 물론 1990년대 초반까지도 한동안 각종 정치적 성명서와 전단이 난무하던 시절이었다. 특히 대학 내에서 그랬다. 나는 총학생회는 물론 단과대학 학생회, 심지어 학과 학생회 성명서와 전단까지 다 모았다. 학생회뿐만 아니라 각종 교수 단체와 외부 운동단체들이 발표한 성명서와 전단까지 다 모았다. 나중에 정리해서 기록해두어야 한다는 사명감 때문이었는데, 모든 수집의 결과가 대개 그렇듯이 그 자료들은 보관 공간의 한계로 인해 수년 후 기록도 하지 못한 채 내버리지 않을 수 없었다. 그럼에도 신문 스크랩은 계속되었을 뿐만 아니라 구독 신문의 수를 계속 늘려 나가고 있었다.

수집벽이 있는 사람들은 늘 '공간과의 전쟁'을 벌여야만 한다. 이탈리아 작가이자 기호학자인 움베르토 에코Umberto Eco, 1932~2016가 어느 인터뷰에서 "로마에서 이 정도의 서재를 유지한다는 건 매우 어려운 일이다"고 말한 게 기억난다. 정확한 인용은 아니지만, 그런 취지의 말이었다. 공간 확보와 유지 비용이 많이 들어간다는 이야기다. 나는 로마도 서울도 아닌 전주에서 살기에 그 점에선 비교 우위가 있었지만 나 역시 그 문제로 내내 힘겨운 투쟁을 벌여야만 했다.

책과 자료가 학교 연구실을 가득 채운 뒤, 집안 곳곳에 파고 들어 나중엔 화장실까지 점령하는 사태가 벌어졌다. 결국 버리지 않으면 안될 지경에 이르렀는데, 내가 내린 선택은 탈출이었다. 별도의 사무실을 얻어 책과 자료를 보관하는 길을 택한 것이다. 사무실에 얽힌 이야기도 많다. 건물주가 파산을 해 전세금 수천만 원을 날린 사건에서부터 말이 사무실이지 매

모든 자료를 보관할 공간의 한계로 인해 내버리지 않을 수 없었지만,
나는 별도의 사무실을 얻어 책과 자료를 보관하는 길을 택했다.

우 지저분한 창고같은 열악한 곳에서 내가 일하고 있는 모습을 본 누군가가 불쌍해서 눈물이 나왔다는 에피소드에 이르기까지 다양하다. 작품을 기계처럼 대량생산해냈던 팝아트의 선구자 앤디 워홀Andy Warhol, 1928~1987은 자신의 아틀리에를 '공장factory'이라고 불렀다지만, 내 창고 같은 사무실은 진짜 공장이라고 해도 좋을 정도로 결코 쾌적한 곳은 아니었다.

나는 한때 수십 종의 신문을 정기 구독했다. 서울에서 발행되는 모든 중앙지는 물론 지역 일간지까지 다 구독했다. 지역 일간지 구독 신청을 하면서 지방지의 비참한 상황을 직접 확인할 수 있었다. 전북은 경제적 여건으로 보아 2개 정도의 신문이면 족한데 늘 10개 안팎의 일간지가 발행된다. 구독자가 많아서? 그게 아니다. 구독자는 전북 전체 가구의 5퍼센트 미만이며, 관공서 구독을 빼면 그 수치는 훨씬 더 낮아질 것이다. 신문 발행인이면 어느 정도의 권력을 행사할 수 있는 지역 유지가 될 수 있다는 것이 신문 난립의 가장 큰 이유다.

지방대 신방과 교수가 봐주지 않으면 누가 봐주랴 하는 생각, 즉 지방신문을 키워야 한다는 사명감과 더불어 신방과 교수로서 마땅히 지방지를 알아야 한다는 생각으로 전북에서 발행되는 모든 신문의 구독 신청을 했지만 단 한 곳도 신문을 배달해주지 않았다. 내가 외딴 곳에 사는 것도 아니고 전북대학교 근처에 사는데도 말이다. 알고 보니 신문들의 자체 유통망이 제대로 갖춰져 있지 않았다. 신문사에 직접 전화를 걸어 제발 신문 좀 구독하게 해달라고 통사정을 했다. 그제서야 신문이 배달되기 시작했지만, 끝내 모든 신문을 구독할 수 없었다.

나는 다른 지역의 신문들도 구독해야 지방신문 전반을 이해할 수 있다는 생각으로 부산의 『부산일보』, 대구의 『매일신문』, 광주의 『광주일보』에 신문 좀 받아볼 수 없겠느냐고 문의를 했다. 결론만 말하자면, 간절한 호소 끝에 우편으로 신문 3개를 정기 구독할 수 있었다. 물론 이건 다 인터넷 시대 이전의 이야기다.

실명비판을 위한 인물 데이터베이스

나는 수십 종의 신문과 다른 수십 종의 정기간행물을 정기 구독하면서 한 가지 큰 야망을 품었다. 남들이 들으면 비웃을 만한 생각이지만, 내겐 야망이었다. 나는 평소 한국 사회가 빨리빨리 속도전으로 치닫는 탓인지 자신의 언행에 대해 책임을 지지 않는 풍토가 만연되어 있는 걸 개탄해왔기에, 그걸 바로잡는 데에 일조할 수 있는 실명비판 문화를 정착시키자는 취지에서 한국 최고의 인물 데이터베이스를 구축하고자 했다.

우선 신문부터 시작하자는 생각으로 나는 신문들에 실려 있는 모든 인물 관련 기사를 스크랩했다. 각 인물의 이름을 붙인 파일 수천 개를 만들어 그 파일에 별도로 보관하는 방식이었다. 스크랩을 하기엔 시간이 너무 오래 걸렸다. 나중엔 스크랩 대신 신문 한 장 전체를 접어서 보관하는 식으로 바꿨다. 뒷면에 있는 인물 관련 기사를 놓치는 게 아쉬워 복사기를 사들였다. 이런 일을 돕는 개인 조교까지 모셔 인물 파일을 만들어 나갔다.

그런데 언제부턴가 인터넷이 등장하면서 그런 작업을 비웃는 사람들이 생겨나기 시작했다. 노골적인 비웃음은 아니고 애정 어린 비웃음이었다. 인터넷에 들어가면 다 있는데, 무엇 때문에 그렇게 힘들게 하느냐는 충고를 많이 들었다. 나는 인터넷에 다 있어도 종이 자료가 일하기 훨씬 편하며, 검색이 그렇게 뜻대로 쉽게 되는 게 아니라는 이유를 들어 해오던 일은 계속했지만, 문제는 전혀 다른 데에 있었다.

　신문을 좋아하는 사람이 같은 활자매체인 책은 싫어했겠는가. 나는 책도 부지런히 사들이고 있었다. 한동안 책값으로만 매월 200만 원 이상을 썼다. 2011년 덴버에 있을 때에도 아마존에서 중고 책 쇼핑에 푹 빠진 나머지 나중에 이삿짐만 크게 늘리는 짓을 하고 말았다. 매일 책이 한 뭉치씩 날아와서 우편배달부와 친해질 정도였다. 내 구입 기록을 살펴보았더니, 총 1,276권에 8,048달러 어치였다. 서점에서 직접 산 책도 많았다. 그것은 따로 정리해둔 기록이 없는데, 그것까지 합하면 1만 달러 이상을 책 쇼핑에 바친 것 같다. 아니 아마존의 전자책 킨들을 쓰지 왜 그렇게 미련한 짓을 했느냐고 묻고 싶은 이들이 있겠지만, 괜히 내가 '아날로그형 인간'을 자처했겠는가.

　책과 신문 자료가 계속 늘면서 그걸 보관할 공간이 한계에 직면했다. 그간 132제곱미터(40평) 정도 되는 공간을 사용했는데, 더 넓은 사무실을 구해 이전하기가 쉽지 않았다. 물론 당장 그렇게 할 경제적 능력은 있었지만, 앞으로 계속 이런 식으로 늘려가는 것을 언제까지 감당할 수 있을 것인가 하는 문제 때문이었다. 업계 쪽 사람들의 용어를 빌리자면, 이렇다 할

'수익 모델'은 없는데 계속 팽창해나갈 수는 없었던 것이다.

속 모르는 남들은 "그간 책 팔아 번 돈 다 어디에 쓰느냐?"고 묻지만, 그렇게 묻는 사람일수록 물어보면 내 책을 돈 내고 사보는 사람은 거의 없었다. 걱정 안 하셔도 된다. 나는 당당하게 "질보다는 양"이라고 외치는 사람인지라 내 책은 베스트셀러가 없는 건 물론이고 대부분 잘 안 나간다. 베스트셀러 기준으로만 보자면, 베스트셀러가 된 『김대중 죽이기』가 출간된 1995년이 내 전성기였던 셈이다.

결국, 나는 엄청난 돈 들이고 그야말로 피땀 흘려 만들었던 수천 개의 인물 파일을 버리는 결단을 내리지 않을 수 없었다. 사실상 포기였다. 한꺼번에 버리는 게 괴로워 매일 자료 더미를 한두 리어카 분량을 사무실 앞에 내놓으면 폐지를 수집하는 할머니 할아버지들이 귀신 같이 빨리 오서서 그걸 거둬가시는 일이 몇 개월간 지속되었다. 그 쓰라림을 어찌 말로 표현할 수 있으랴.

강준만

미국 콜로라도주 덴버에서의 삶

말 나온 김에 덴버 이야기를 더 하는 게 좋겠다. 이미 『교양영어사전』(2012)이라는 책의 '머리말'에 밝힌 이야기지만, 그곳에서 이런 일이 있었다.

"콜로라도가 무슨 뜻이죠?"

"왜 덴버라고 했나요?"

초등학생도 아닌, 머리가 허연 중늙은이가 덴버에 도착해 한동안 미국인이건 한국인이건 사람들을 만날 때마다 그런 식의 '유치한' 질문을 던져댔으니 누가 좋아했겠는가. 처음 온 사람이면 처음 온 사람답게 덴버에 오래 산 사람들이 자신있게 답해줄 수 있는 걸 물어봐야 할 게 아닌가. 그런데 엉뚱하게도 그들이 모르거나 관심도 없는 것에 대해 자꾸 물어보았으니 속으로 꽤 흉을 보았을 것 같다.

그러나 어찌하랴. 그게 내 버릇이자 취미인 것을. 영어의 관용적 표현을 대하더라도 이게 왜 이런 뜻을 갖게 되었는지 그걸 꼭 알아내야만 직성이 풀렸다. 물론 이건 한국에서도 못 말리던 내 버릇이어서 한국어 관용적 표현의 유래를 밝혀주는 책들을 곁에 놓고 수시로 찾아보았다. 그런데 덴버에 가자마자 또 그런 일을 반복한 것이다.

내 그런 호기심은 지명地名의 근원에만 국한되지 않았다. 토포노미Toponomy(지명유래연구)는 물론 오노마스틱스Onomastics (고유명사연구)에 에티몰로지Etymology(어원학)까지 이르는, 모든 것이 다 호기심의 대상이었다. 당연히 에포님eponym(이름의 시조, 누군가의 이름을 따서 만든 단어)과 네오로지즘neologism(신조어)도 빠뜨릴 수 없는 연구 대상이었다. 심지어 널리 쓰이는 슬랭slang(속어)과 상업적 브랜드 이름의 유래, 영어 단어와의 관련성이 높은 인문사회과학적 개념의 유래도 챙기고자 했다. 내친 김에 관련 서적들을 사 모으기 시작했고, 한국에 돌아와 『교양영어사전』을 포함해 이런 종류의 책을 7권이나 냈다.[*]

"별짓 다 한다"고 흉을 볼 분들도 있겠지만, 미국에서도 '골프의 천국'으로 알려진 콜로라도에 가서 골프 한 번 안 쳐보고 그 시간을 그런 일에만 쏟은 나로서는 한국의 영어 공부 발전에 적잖은 기여를 했다고 자부한다. 그 책들은 2쇄조차 찍기 어려울 정도로 팔리진 않았지만, 포털사이트인 네이버와 다음에서 구매해 소개하고 있으니 말이다.

---

[*] 강준만, 『교양영어사전』(인물과사상사, 2012); 『교양영어사전 2』(인물과사상사, 2013); 『인문학은 언어에서 태어났다: 재미있는 영어 인문학 이야기』(인물과사상사, 2014); 강준만, 『재미있는 영어 인문학 이야기 1: 영어 단어를 통해 서양의 정치, 사회, 문화, 역사, 상식을 배운다』(인물과사상사, 2015); 강준만, 『재미있는 영어 인문학 이야기 2: 영어 단어를 통해 서양의 정치, 사회, 문화, 역사, 상식을 배운다』(인물과사상사, 2015); 강준만, 『재미있는 영어 인문학 이야기 3: 영어 단어를 통해 서양의 정치, 사회, 문화, 역사, 상식을 배운다』(인물과사상사, 2015); 강준만, 『재미있는 영어 인문학 이야기 4: 영어 단어를 통해 서양의 정치, 사회, 문화, 역사, 상식을 배운다』(인물과사상사, 2016).

내 호기심은 지명의 근원에만 국한되지 않았다. 토포노미, 오노마스틱스, 에티몰로지, 에포님, 네오로지즘도 연구 대상이었다. 결국 영어 관련 책을 7권이나 출간하게 되었다.

골프를 생각할 때마다 사람이 말조심, 글조심을 해야 한다는 생각을 한다. 나는 골프를 전혀 치지 않는데, 그럴 만한 사연이 있다. 미국 유학 시절 골프를 치는 유학생들을 비판하는 글을 유학생회 회보에 기고한 적도 있는데다, 전북대학교에 와서도 골프를 치는 동료 교수들을 대놓고 비판하진 않았지만, "교수에게 골프 칠 시간이 어디 있느냐"는 식의 말을 자주하는 등 건방을 떨었다. 그런 주장은 1980년대, 아니 1990년대까지도 한동안 그렇게 볼 수도 있는 말로 여겨졌지만, 세상이 크게 달라진 오늘날엔 맞지 않는 말이다. 세상이 달라졌으니 이젠 나도 골프를 쳐야겠다고 한다 해도 큰 일 날 건 없겠지만, 그게 너무 구차스러운 것 같아 아예 골프에 눈을 감기로 한 것이다. 과거에 한 말에 발목이 잡혔다고나 할까.

아, 궁금해할 분들이 있을 것 같아, 콜로라도와 덴버라는 말의 기원을 알려드리고 넘어가는 게 좋겠다. 콜로라도Colorado 라는 이름은 처음에 스페인 탐험가들이 이 지역을 흐르는 강 주변의 바위와 흙이 붉은 색을 띠고 있어 강의 이름을 Rio Colorado(Colorado River)라고 붙인 데서 비롯되었다. 즉, Colorado는 '붉은 색color of red'이란 뜻이다.

강준만

콜로라도주의 주도州都이자 가장 큰 도시인 덴버Denver는 콜로라도주가 생겨나기 전 캔사스주 소속이던 1858년 11월에 세워진 광산촌이었는데, 캔사스에서 온 부동산업자인 제너럴 윌리엄 래리머General William Larimer, 1809~1875가 당시 캔사스 주지사인 제임스 덴버James W. Denver, 1817~1892에게 잘 보이려고 그의 이름을 따 지은 것이다. 오늘날 제임스 덴버를 아는 사람은 거의 없다. 오직 가수 존 덴버John Denver, 1943~1997만 알 뿐이다.

존 덴버는 콜로라도 출신이 아니었지만 콜로라도의 록키 마운틴에 푹 빠진 나머지 자신의 예명藝名을 '덴버'로 했다. 1972년 존 덴버의 히트곡 〈Rocky Mountain High〉는 사실상 콜로라도주를 홍보해주는 노래였기에, 콜로라도주는 1974년 덴버를 주의 '계관시인'으로 임명했다. 덴버가 1997년 비행기 사고로 사망하자 콜로라도 주지사 로이 로머Roy R. Romer, 1928~는 모든 관공서에 조기 게양을 지시했고, 콜로라도주 의회는 2007년 〈Rocky Mountain High〉를 주州의 공식 노래로 입법화했다.

나에겐 책도 저널리즘이다

이제 내게 인물 파일은 없다. 아니 사무실 한구석에 여전히 상당한 양의 파일 더미가 남아 있긴 하지만, 그것도 조만간 폐지를 수집하는 동네 할머니를 기쁘게 해드릴 제물로 바치려고 한다. 그렇다면 나는 자료 수집을 완전 포기했는가? 그건 아니다. 어설픈 수준이나마 디지털화된 내 나름의 자료 축적은 계속해나가고 있다.

나는 신문 구독도 대부분 끊고 지금은 딱 5개만 구독한다. 진보 중앙지 2개, 보수 중앙지 2개, 지역 일간지 1개다. 아침에 일어나자마자 신문부터 찾는다. 2015년 12월에 타계한 베네딕트 앤더슨Benedict Anderson, 1936~2015이 '민족'은 상상의 공동체imagined community라는 주장을 하기 위해 신문에 대해 다음과 같이 언급한 것이 내게도 딱 들어맞는 게 아닐까?

"신문은 현대인에게 아침 기도의 대용 역할을 한다고 헤겔이 관찰했듯이 대중의례의 의미는 역설적이다. 이 대중의례는 조용한 사적인 시간에 머리를 식히면서 행해진다. 그러나 각자는 그가 행하는 의례가 수천의(혹은 수백만의) 다른 사람들에 의해 동시에 반복되고 있음을 잘 알고 있다. 수많은 다른 사람들이 있다는 것은 확실히 알지만 그 사람들의 신원은 전혀 모른다. 더욱이 이 의례는 하루 한나절의 간격으로 끊임없이 반복된다. 세속적이고 역사적으로 시간이 측정되는 상상의 공동체에 대해 이보다 더 생생한 다른 모습을 상상할 수 있는가? 동시에 신문 독자는 자신이 보는 신문과 똑같은 복사품을 전철, 이발소, 자기 거주지의 이웃들도 읽고 있는 것을 보고, 상상된 세계가 눈으로 볼 수 있게 일상생활에 뿌리내리고 있다고 계속 확신하게 된다."•

　　그러나 나는 상상의 공동체와의 접속을 신문만으로 하진 않는다. 텔레비전 앞에서 신문을 바닥에 펼쳐놓고 읽기 때문이다. 나는 전형적인 아날로그 인간이지만, 시간 절약을 위해 이 정도의 멀티태스킹은 필수라는 생각에서다. 나는 책을 읽을 때에도 텔레비전 앞에서 읽는다. 특히 내가 좋아하는 프로야구 시즌에 즐겨 쓰는 수법이다. 야구를 좋아하지만 이것 역시 마니아 수준은 못된다. 3~4시간 걸리는 야구경기를 어떻게 매일 다 집중해볼 수 있단 말인가. 그래서 나는 중계방송의 소리만 듣고 눈으론 책을 읽는다. 그러다가 아나운서의 목소리가 커지

• 베네딕트 앤더슨(Benedict Anderson), 윤형숙 옮김, 『상상의 공동체: 민족주의의 기원과 전파에 대한 성찰』(나남, 1983/2002), 61~62쪽.

면 눈을 들어 화면을 바라보는 식이다. 언젠가 인터파크에서 "나에게 책이란"에 대해 짧은 글을 요청해 아래와 같이 써서 보내준 적이 있다.

"나에게 책은 저널리즘이다. 하루살이 신문보다는 수명이 긴 저널리즘이긴 하지만, 기본 시각은 그렇다. 책을 진지하고 심각한 매체로 대하는 저자들은 자신의 책을 '작품'으로 간주해 책 하나하나에 심혈을 기울이지만, 나는 격월간지를 내듯 매년 6권 이상의 책을 양산해내기 때문이다. 할 말이 많기도 하고, 책 써대는 일 자체가 즐겁기 때문이다. 물론 독자들은 즐거워하지 않는 것 같다. 누군가가 그거 어리석은 방법 아니냐고 물었지만, 내 답은 늘 이랬다. '베스트셀러 되는 걸 포기하면 훨씬 자유로워지고, 그런 자유로움이 내겐 더 소중하다.' 남의 책을 읽는 것도 저널리즘 대하듯이 하느라 책을 많이 사대고 다독·속독을 한다. 저널리즘이라고 해서 묵은 책을 내다버리진 않는다. 악착같이 다 보관한다. 공간 문제 때문에 결국 포기하긴 했지만, 한땐 구독하던 종이신문마저 다 보관했을 정도로 아날로그 집착이 강한 편이다. 평소 책을 읽을 때에 밑줄 찍찍 긋고 순간 떠오르는 생각 코멘트하고 나름의 데이터베이스

구축용 키워드들을 뽑아 책 뒷장에 써놓는 등 지저분하게 읽는 스타일이지만, 그 장점은 보관을 위한 비용(별도의 사무실 임대료 등)을 상쇄하고도 남을 정도로 크다. 책을 다시 읽을 때에 그곳에서 과거의 나를 만날 수 있기 때문이다. 멀티태스킹의 효용을 믿진 않지만, 독서도 주로 TV 앞에서 한다. 직업이 신방과 교수인지라 대중문화의 흐름을 알기 위해 불가피하다고 변명해대지만, 시간 절약이 더 큰 이유인 것 같다. 아니 어쩌면 책중독자인지도 모른다. 성인 남성의 반 이상이 스마트폰 중독자라는데, 내겐 책이 스마트폰인 셈이다."

나만의 데이터베이스를 구축하자

신문을 읽을 때 내 오른손엔 빨간 사인펜이 들려 있다. 인터넷에서 긁어서 내 데이터베이스에 보관해둘 기사를 체크하기 위해서다. 인터넷에서 내가 체크해둔 기사를 찾다 보면 세렌디피티serendipity, 즉 '우연한 발견의 즐거움'을 누리게 되고, 그런 기사들까지 긁어서 적재적소에 배치해둔다. 이런 일을 하는 데에 매일 2~3시간을 쓰고 있다. 나로선 그 효용이 괜찮다

싶어 학생들에게도 권한다. 이 주제로 학생들에게 특강을 한 적도 있는데, 그 특강의 원고는 이런 내용이었다.

그 어떤 거창한 명분보다는 재미를 강조하는 '리누스의 법칙 Linus's Law'에 따라 나만의 온라인 데이터베이스를 만들어보자.[•] 이는 학교에서 하는 공부뿐만 아니라 평생 공부를 위해서도 매우 재미있고 유익한 정보·지식 활용법이다.

(1) 꼭 공부가 아니라, 취미라도 좋다. 취미의 전문가가 되어보자. 내 취미와 관련된 모든 정보와 지식을 다 머리에 담아둘 수는 없다. 나만의 방식으로 데이터베이스를 만들자. 가장 중요한 건 '키워드 만들기'다. 키워드를 만드는 것 자체가 큰 공부가 된다. 핵심을 꿰뚫어야 하니까 말이다.

(2) 키워드는 할리우드에서 쓰는 '하이 콘셉트high concept'와 비슷한 말이다. 이와 관련, 스티븐 스필버그Steven A. Spielberg, 1946~는 이렇게 말한 바 있다. "영화의 아이디어를 25단어 이내로 설명할 수 있다면 그건 좋은 영화일 겁니다. 저는 손에

• 강준만, 「왜 어떤 사람들은 돈도 못 버는 일에 미치는가?: 리누스의 법칙」, 『생각의 문법: 세상을 꿰뚫는 50가지 이론 3』(인물과사상사, 2015), 157~161쪽 참고.

줄 수 있는 아이디어를 좋아합니다." *

(3) 키워드가 많아지면 저절로 분류에 대해 배우게 된다. 가급적 중복이 되지 않게끔 하려고 애쓰다 보면 나름의 체계가 형성된다. 이는 체계적 사고를 기르는 데에도 큰 도움이 된다. 분류는 모든 학문과 공부의 출발점이다.

(4) 키워드를 가나다순으로 배열해 자신의 자료 파일에 입력해놓자. 키워드가 많아지면, 별도의 파일을 만들면 된다. 예컨대, 나는 언론, 대중문화, 인간컴, 정치, 한국학 등 다양한 파일을 갖고 있는데, 내 '대중문화' 파일엔 다음과 같은 키워드들이 있다.

가십/가요/가요내용/가요윤리/간접광고/감정/감정노동/감정자본주의/강신주/개그/결문화/검색/게임/계급/고급문화/고의적진부화/고화질/골프/공백에대한증오/공연/관광/광고/광고대행사/광고모델/광고통계/구글글래스/귀벌레/귀신/그람시/그래피티/글쓰기/금지곡/기부마케팅/기차/김구라/김연아/낚시/남녀평등/네이버/네이버지식백

• 루크 도멜(Luke Dormehl), 노승영 옮김, 『만물의 공식』(반니, 2014), 202쪽.

과/녀/노래방/놀이/눈물/뉴미디어스나이퍼/뉴스/뉴스어뷰징/닌텐도
/다음/다채널시대/다큐/단통법/대중문화/대중문화공화국/대중문화
사/댓글/데이터센터/독립영화/독립제작사/독서/동성애/동영상/두발
/뒤아멜/드라마/드세르토/디드로효과/디스/디자인/디지털격차/디지
털교과서/디지털군주론/디지털네이티브/디지털문화/디지털스토리
텔링/디지털영화/디지털지능/디지털치매/디지털혁명/디지털화/디
카/라디오/라인/레이디가가/로맨스/로봇/롱테일/리메이크/리액션/
리얼리즘/리얼리티/립스틱/마광수/마우스/마이크로네이션/마케팅/
만화/맥루한/…….

(5) 각 키워드 항목에 담긴 자료들은 인터넷에서 긁어온 것일
지라도, 이미 내 데이터베이스에 들어와 있는 것이므로 내 평
소 관심에 각인이 된다. 그러면 무심코 어떤 자료들을 보더라
도 체계적으로 생각하게 된다. 설사 그런 효과가 없더라도 평
소에 조금씩 이런 식으로 해놓으면 공부가 되는 건 물론이고
나중에 엄청난 시간 절약을 할 수 있다.

(6) 책을 읽을 때에도 그냥 읽고서 '끝' 하지 말고 책에서 인

강준만

상적인 대목을 자료 파일에 입력해놓도록 하자. 입력하는 행위 자체가 공부가 된다. 시간이 없어서 입력하기가 어려우면 키워드를 골라 무슨 책 몇 쪽에 있다고 표시만 해두면 된다. 예컨대, 내 자료 파일에서 'attachment theory(애착이론)' 키워드 항목엔 다음과 같이 표시되어 있다.

- 조지 레이코프George Lakoff, 손대오 옮김, 『도덕의 정치』(생각하는 백성, 2002/2004), 415~417쪽.

- 존 카치오프John T. Cacioppo · 윌리엄 패트릭William Patrick, 이원기 옮김, 『인간은 왜 외로움을 느끼는가: 사회신경과학으로 본 인간 본성과 사회의 탄생』(민음사, 2008/2013), 16쪽.

- 최현석, 『인간의 모든 감정: 우리는 왜 슬프고 기쁘고 사랑하고 분노하는가』(서해문집, 2011), 211쪽.

- 폴 클라인먼Paul Kleinman, 정명진 옮김, 『심리학의 모든 지식』(부글북스, 2015), 193쪽.

- 몸문화연구소 엮음, 『우리는 가족일까: 각자의 가족, 10가지 이야기』(은행나무, 2014), 54쪽.(서가)

- 셜리 임펠리제리Shirley Impellizzeri, 홍윤주 옮김, 『나의 변화를 가

로막는 보이지 않는 심리』(티핑포인트, 2012/2015), 21쪽.

- 폴 터프Paul Tough, 권기대 옮김, 『아이는 어떻게 성공하는가』(베가북스, 2012/2013), 96~102쪽.

- 브리짓 슐트Brigid Schulte, 안진이 옮김, 『타임푸어: 항상 시간에 쫓기는 현대인을 위한 일·가사·휴식 균형잡기』(더퀘스트, 2014/2015), 311쪽.

(7) 처음에 시작이 어려워서 그렇지 일단 시작하게 되면 재미의 탄력이 붙고 '노력 정당화 효과Effort Justification Effect'도 생겨나서 이게 곧 즐거움의 원천이 된다.* 더욱 중요한 건 공부를 하는 자세가 바뀌게 된다는 점이다. 마지 못해 억지로 하던 게 즐거워질 수 있다는 것이다. 나만의 세계, 아니면 적어도 비밀창고를 가진 것 같은 흐뭇한 기분은 이 세상에 흘러넘치는 각종 정보와 지식을 유익하게 사용할 수 있는 장악력을 갖게 되는 효과로 이어질 수 있다.

(8) 세상 일에 대해서도 아무런 관심이나 애정 없이 하루하루를 지내다 보면 피상적인 인상평만 하게 될 수도 있지만, 이

• 강준만, 「왜 해병대 출신은 '한 번 해병은 영원한 해병'이라고 할까?: 노력 정당화 효과」, 『감정 독재: 세상을 꿰뚫는 50가지 이론』(인물과사상사, 2013), 67~71쪽 참고.

런 식으로 정리를 해두다 보면 예전엔 미처 보지 못했던 것들이 새롭게 눈에 들어올 수도 있다.

(9) 외부의 정보나 지식이 아니라도 좋다. 자신의 생각도 나름의 분류 체계를 갖추어 정리하고 입력해보자. 이는 전혀 새로운 형식의 일기 쓰기가 될 것이다. 쓰는 과정을 통해 성찰은 물론 힐링의 기쁨도 누릴 수 있다. 자신의 의지를 다지는 효과도 거둘 수 있다.

(10) 저자가 되지 않아도 좋지만, 일단 저자가 될 꿈을 꾸자. 나는 매일 2~3시간씩 이런 작업을 해두기 때문에 내가 평소 관심을 가진 주제로 책을 쓰라고 하면, 비교적 빠른 시간 내에 쓸 수 있다. 자료는 이미 정리된 상태로 충분하기 때문이다. 이걸 '꿈의 구체화' 작업으로 이해하고 시도해보자. 우리 모두 '거위의 꿈'을 꿔보자.

나는 앞서 "인터넷에 들어가면 다 있는데, 무엇 때문에 그렇게 힘들게 하느냐는 충고를 많이 들었다. 나는 인터넷에 다 있어도 종이 자료가 일하기 훨씬 편하며, 검색이 그렇게 뜻대로 쉽게 되는 게 아니라는 이유를 들어 해오던 일은 계속했지만, 문제는 전혀 다른 데에 있었다"고 했다. 돌이켜 보니, 내가 옳았다. 큐레이션Curation이 대세가 된 이유가 무엇이겠는가? 쓰레기 같은 '뉴스 어뷰징abusing'까지 가세하면서, 나는 그간 내다버린 몇 트럭분의 신문 자료를 가끔 아쉬워한다.

지금도 인물 파일을 만들어 자료를 비축하긴 하지만, 예전 같진 않다. 과거엔 수천, 수만 명의 인물 파일을 만들겠다는 야심을 가졌다면, 지금은 기껏해야 수십 명 수준이다. 실명비판에 대한 열정이 식은 탓도 있다. 그렇게 된 데엔 그럴 만한 사연이 있는데, 내 글쓰기 인생의 전환점이었던 2003년 사태를 거론하지 않을 수 없다. 이 문제로 2015년 7월 김창규『딴지일보』부편집장과 인터뷰를 한 게 있어, 그걸 소개하는 게 좋을 것 같다. 그는 인터뷰 기사를 10토막으로 나누었는데, 「치어리더 강준만: 아, 내가 치어리더였다」는 제목의 5번째 토막이 바로 그 내용이다.

강준만

"치어리더 강준만: 아, 내가 치어리더였다"

김: 교수님 삶에서 민주당 분당 사태를 안 짚고 넘어갈 수 없습니다.

강: 지금 돌이켜보면 개인적으론 민주당 분당 사태가 저한텐 축복이라고 봅니다. 엄청난 행운이죠.

많은 사람이 당시 강준만에 대해 분노했던 포인트. 야권 집권 이데올로기의 대가 강준만이. 『노무현과 국민사기극』을 쓴 참여정부의 '개국공신'이. 노무현 당선 후 네티즌으로부터 KBS 사장감으로 압도적 추천을 받기까지 한, 강준만이. 감히 노무현 대통령 하는 일에 반기를.

김: 가장 충격적인 사건 아니었습니까? 그때 비난이.

강: 그런 정도의 계기가 없었다면 제가 달라졌을까요? 계속 그렇게 갔을 가능성이 높죠. 그때 엄청난 충격이었으니까 제대로 자기를 뜯어보고 돌아볼 기회를 가진 거죠.

김: 김대중 대통령, 노무현 대통령 당선으로 이어지면서

교수님을 응원하고 메시아처럼 받들던 사람이 싹 돌아섰는데 그게 기회가 되던가요. 저 같으면 에이 씨바, 내가 그렇게 열심히 했는데, 나 안 해 하고.(웃음)

강: 치어리더론이 그거죠. 아, 내가 치어리더였구나. 어저께도 보니까 야구 아주 재밌게 잘하던데. 한화하고 삼성하고 붙었잖아요. 삼성 치어리더면 삼성을 응원하게끔 되어 있는 건데 갑자기 치어리더가 건방지게 굴면 안 된다는 거죠. 애초에 암묵적으로 약속된 걸 벗어난 거니까. 대세의 방향은 정해져 있고 우리가 따르는 누군가 저기로 가는데 치어리더가 그쪽을 향해서 박수를 보내야 하는데 아니니까. 그런데 치어리더를 벗어나기가 쉽지 않아요.

우리 편에게 열광적인 인기와 관심을 받는 와중에 철저히 미움 받는 행동을 하는 것, 그 두려움만은 상상된다. 지금껏 열광적인 사랑으로 채운 존재감의 빈틈이 다 날아가 버릴 테니까. 제아무리 똑똑한 사람도 거기에 맞들려 바보 되는 상황, 널리고 널렸다.

강준만

강: 느껴보니까 알잖아요. 전반적으로 모든 사람에게 조금씩 인기 있냐 없냐는 중요한 게 아니라 열화와 같은 지지가 피부에 오는 거니까. 과격하고 극단으로 치닫는 게 인기가 있는 거죠.

김: 우리 편에서도 그런 사람이 인기가 있고. 멋져 보이고.

강: 우리 이건 좀 아닌 것 같다. 이게 먹힙니까? 저도 사실 그 득과 수혜를 누렸던 거죠. 다 겪고 나니까 치어리더였구나 하는 거죠. 그런 깨달음을 공짜로 얻었겠습니까?(웃음)

그는 학자다. 다만 그의 책과 논리는 책상머리에서만 나온 건 아니다. •

속도가 생명인 '빨리빨리 사회'에서 성찰은 가능한가?

그런 깨달음은 내게 살아 있는 공부가 된다. 내가 실명비판을 부르짖은 건 자신의 언행에 대해 책임지는 문화를 정착시키자는 취지였는데, 그게 과연 한국에서 가능한가 하는 회의가 찾아왔다. 2003년 민주당 분당 사태만 해도 그렇다. 내가 예견

• 김창규, 「[죽돌이너뷰] 당대에 룰을 바꾼 남자, 강준만을 만나다」, 『딴지일보』, 2015년 7월 2일.

한 대로 '100년 정당'이라는 슬로건을 내걸었던 열린우리당은
불과 3년 9개월만에 사라지고 결국 '도로민주당'으로 돌아가
고 말았다. 당시 민주당 분당과 열린우리당 창당을 지지했던
정치인들은 말할 것도 없고 언론이나 지식인들 가운데 단 몇
명이라도 자신의 과오나 오판에 대해 사과까진 아니더라도 멋
쩍어할 줄 알았는데, 정반대의 현상이 일어났다.

　계속 당당한 자세로 큰소리를 쳐대는 모습도 어이없었지
만, 그것보다는 그런 행태가 자연스럽게 받아들여지는 사회 풍
토는 내게 이런 메시지를 던져주는 것 같았다. "맞아. 한국은
속도를 생명으로 아는 빨리빨리 사회가 아니던가. 그때그때 상
황이나 분위기에 맞게 가는 거지 무슨 얼어죽을 성찰이며 책임
인가. 세상 다 그런 거 아냐?"

　아니 그렇게 냉소적으로만 볼 일은 아니다. 그건 프랑스
사상가 자크 엘륄Jacques Ellul, 1912~1994이 말한 '역사의 가속화
acceleration of history' 현상 때문일 수도 있다. 한 뉴스가 다른 뉴스
를 연속선상에서 밀어내기보다는 디지털 방식으로 갑자기 발
작적으로 새로운 뉴스가 분출하고, 그래서 뉴스의 주제들이 매
일 80퍼센트가량 변하는 상황에선 뒤를 돌아보는 게 가능하지

'100년 정당'이라는 슬로건을 내걸며
2003년 11월 11일 창당된 열린우리당은 불과 3년 9개월만에 사라지고 말았다.
그 과정에서 나는 작은 깨달음을 얻었다.

않다.* 이른바 '복고復古 상품화'처럼 뒤를 돌아보는 걸 상품화하지 않는다면 말이다.

디지털 시대에 역사의 가속화는 필연이다. 특히 한국처럼 디지털화가 세계 최고 수준인데다 빨리빨리를 생활 이데올로기로 삼은 나라에선 가속화되는 역사는 모든 걸 빨아들이는 블랙홀이 된다. 그런 판에 대고 무슨 실명비판이란 말인가. 독자들로선 그저 자기 싫어하는 사람 비판해주면 좋아할 뿐이고, 비판을 하는 사람은 그저 그런 사람들의 치어리더에 불과한 게 아닌가 말이다.

물론 그런 회의가 들었다고 해서 실명비판을 포기한 건 아니다. 여전히 신문에서 인물 중심의 기사들을 데이터베이스에 챙겨두는 일은 하고 있지만, 그 대상은 크게 줄어들었다는 이야기다. 그렇지만 아직도 그런 깨달음에 반하는 글을 쓰기도 한다. 냉소 일변도로 갈 수는 없으니 말이다.

'증오 상업주의'에 대한 비판

어찌되었건 나는 이후 '독설가'에서 전향해 소통·타

---

* Jacques Ellul, 『Political Illusion』, trans. Konrad Kellen(New York: Vintage Books, 1967), p.xix.

강준만

협·화합 등을 외치기 시작했으며, 나도 이전에 했을지도 모를 '적에 대한 증오를 팔아먹는' 행위를 비판하기 시작했다. 다만, 전라도 차별에 대해선 여전히 좀 핏대를 세우는 편이다. 순종 전라도 사람도 아닌, 부모가 이북 출신인 반쪽 전라도 사람으로서 전라도 차별에 순종 전라도 사람보다 열을 내는 내 심리 상태는 그 어느 쪽에도 속하지 못하는 경계인이 갖는 속성이 아닌가 나름 분석도 해본다. 아니 지역을 떠나 지방 차별에 대해서도 '식민지 독립선언'을 외치면서 혈압을 높이는 걸 보면,* 늘 인기 없는 소수파 편을 드는 게 내 팔자인지도 모르겠다.

내가 적극 참여했던 이른바 '안티조선운동'의 왜곡에 대해서도 당시 그걸 지적하지 못한 게 아쉽기만 하다. 아니 나 역시 지적당할 일을 적잖이 했다고 보는 게 옳으리라. 어찌되었건, 그땐 "내가 무슨 공식 지도자도 아닌데, 나서는 게 온당한가?"라는 생각 때문이었지만, 돌이켜 생각해보니 나섰어야 옳았다는 생각이 든다.

내가 생각한 안티조선운동의 취지는 '『조선일보』 제몫 찾아주기 운동'이었지, 무조건적인 '『조선일보』 반대 운동'은 아니었다. 나는 그때나 지금이나 『조선일보』엔 못된 점도 있지

---

* 강준만, 『지방식민지 독립선언: 서울민국 타파가 나라를 살린다』(개마고원, 2015); 강준만, 「지방의 '내부식민지화'를 고착시키는 일상적 기제: '대학-매체-예산'의 트라이앵글」, 『사회과학연구』(강원대학교 사회과학연구원), 54집 2호(2015년 12월), 113~147쪽.

만 동시에 여러 장점도 있다고 생각한다. 다만 내가 그때 가진 문제의식은 왜 선거 때면 표는 진보 쪽에 던진 사람들이 신문은 죽어라 하고 『조선일보』만 보느냐 하는 것이었다. 그래서 『조선일보』의 색깔에 맞는 사람들만 『조선일보』를 구독하면 언론시장의 '기울어진 운동장'이 바로잡혀 이념적 균형도 이루어질 것이고, 그 터전에서 정치의 정상화도 가능하지 않겠느냐는 것이었다.

그러나 이념이나 정치적 지향성보다 중요한 이유(개인·가족 차원의 경쟁력에 유리한 각종 현실적 이유)로 『조선일보』를 구독하는 사람이 많았고, 그건 운동으로 극복하기 어려운 일이라는 것이 밝혀졌다. 한국언론진흥재단의 '2015 언론수용자 의식조사'에서 조중동 신문 독자의 절반이 "나는 보수가 아니다"라고 한 것이 그걸 잘 말해준다 하겠다.* 물론 여전히 안티 운동이 필요하다고 주장하는 사람도 많지만, 나는 이젠 자신이 좋아하는 언론을 키우는 포지티브 운동으로 전환해야 한다고 생각한다.

안티조선운동은 『조선일보』를 비롯한 보수언론이 '정파적 왜곡'을 일삼는 '갑질'에 조심하는 자세를 보이기 시작했다

* 정철운, 「조중동 신문 독자 절반, "나는 보수 아니다"」, 『미디어오늘』, 2016년 1월 29일.

강준만

는 점에선 일정 성과를 거두었지만, 적잖은 부작용도 있었다. 전투성이 지나쳐 많은 사람에게 모욕과 상처를 주었고, 포지티브 운동을 아예 배격할 정도로 네거티브 운동 체질이 굳어지게 만든 결과를 낳지 않았나 하는 생각마저 든다. 나는 이런 결과에 대해 면책될 수는 없다고 생각하며, 그 어떤 비판이든 달게 받을 각오가 되어 있다. 이미 많이 받았지만 앞으로도 계속 받겠다는 것이다.

네거티브 운동의 부작용은 지금도 『인터넷한겨레』에 들어가면 쉽게 확인할 수 있다. 『조선일보』와의 큰 차이에 주목해 『한겨레』를 키우려고 애를 쓰는 게 아니라 개혁진보 진영 내의 작은 정파적 차이에 집착해 마음에 들지 않는다며 『한겨레』를 절독하겠다고 협박하는 사람이 너무 많다. 이젠 이런 못된 버릇이 내가 싸워야 할 대상이 되었으니, 세월이 참 많이 흐른 것 같다.

소통, 타협, 화합 등에 집중하다 보니 신문을 읽건 책을 읽건 주요 관심 사항 역시 그쪽 분야로 쏠리게 되더라는 걸 절감한다. 그래서 『증오 상업주의: 정치적 소통의 문화정치학』이라는 책도 냈고, 우리 인간이 이성보다는 감정의 지배를 받는

동물임을 알고나 살자는 뜻으로 『감정 독재』를 비롯해 비슷한 책을 여러 권 내기도 했다.[*]

그런데 잘 아시겠지만, 이런 책은 잘 안 나간다. 먹물은 묘한 동물이어서 나는 그런 개인적인 경험을 통해 사회에 대해 실감나는 공부를 한다. 즉, 많은 사람이 머릿속으론 또는 이론적으론 '중도 노선'이 필요하다고 하면서도 실제론 중도를 멀리하는, 그래서 중도 정당이 탄생할 수 없는 이유와 비슷하지 않은가 하는 걸 절감한다는 것이다. 나는 그런 이유로 안철수의 국민의당 역시 성공하긴 어려울 거라고 본다. '증오 마케팅'이 없이는 장사가 잘 안되고, '증오 마케팅'을 하자니, 창당 이유에 어긋나 죽도 밥도 아닌 꼴이 되기 십상이라는 이야기다. 어느 네티즌의 다음 주장도 좀 다른 관점에서 그런 이치를 말한 게 아닌가 싶다.

"전에는 국민을 위한 중도의 당을 만들어달라고 ○○○들을 해서 진짜 만들었더니 이젠 간철수가 뭘 하겠냐며 ○○○들을 하네. 뭐 어쩌라는 거야? 그럼 좌빨 전라도 진보랑 북한한테 쳐맞기만 하는 수꼴 지지할래? 일단 국민 지지는 보여줘야지 뭔 일을 할 거 아니냐."[**]

• 강준만, 『증오 상업주의: 정치적 소통의 문화정치학』(인물과사상사, 2013); 『감정 독재: 세상을 꿰뚫는 50가지 이론』(인물과사상사, 2013); 『우리는 왜 이렇게 사는 걸까?: 세상을 꿰뚫는 50가지 이론 2』(인물과사상사, 2014); 『생각의 문법: 세상을 꿰뚫는 50가지 이론 3』(인물과사상사, 2015); 『독선사회: 세상을 꿰뚫는 50가지 이론 4』(인물과사상사, 2015).
•• 정우상·원선우, 「어금니 악문 '강'철수 "정치 혁명…다 걸겠다"」, 『조선일보』, 2016년 2월 3일 네이버뉴스 댓글.

강준만

나는 요즘 이른바 '솔까말'의 세계를 알기 위해 댓글을 열심히 읽고 있는데, 이 댓글을 읽으면서도 '좌빨 전라도 진보'라는 말을 쓰는 사람이 왜 '개지랄'을 '○○○'으로 점잖게(?) 표현했을까 하는 생각을 했고, 또 이 댓글이 국민의당이 성공하기 어려운 또 다른 이유를 시사해주고 있다는 생각도 했다. 즉, 국민의당의 두 축을 이루는 '호남'과 '중도'는 같이 가기 어렵다는 것이다. 아니 같이 갈 수 있는 가능성은 충분하지만, 그건 나중의 이야기고 출발 단계에선 온갖 갈등을 양산할 수밖에 없고, 이 또한 성공을 어렵게 만든다는 이야기다.

그런 식으로 작은 공부들을 하는 재미가 쏠쏠하다. 매일 신문과 놀면서 기사 제목의 중요성을 자주 실감하는 것도 공부라면 공부다. 종이신문의 기사 제목과 인터넷판의 기사 제목이 다른 경우가 많은데, 대체적으로 보아 종이신문 제목은 비교적 점잖게, 인터넷판 제목은 좀 자극적이거나 독자의 눈길을 더 사로잡을 수 있는 식으로 붙이는 경향이 있다. 이건 나처럼 매일 종이신문에서 체크한 기사를 인터넷에서 찾아 긁어대는 사람이나 실감나게 느낄 수 있는 게 아닐까? 몇 가지 예를 들어보면 다음과 같다. 왼쪽은 종이신문의 기사 제목이고, 오른쪽은 인터넷판에 실린 기사 제목이다. 10개만 살펴보자.

① 어느 싸가지론자의 회의 ➜ '싸가지 없는' 진보보다 '생까
는' 대통령이 더 싫다

② 야당은 지금 누구와 싸우고 있나 ➜ 김무성 칼춤에 홀린 새
정치 내년 총선 80석은 건질까

③ 홈쇼핑, TV를 점령하다 ➜ TV 홈쇼핑 공해公害

④ 자, 이제 총선은 참패다 ➜ 문재인과 안철수, 누가 더 무례
하고 무책임한가

⑤ 끝내, '역사'를 되돌리다 ➜ 그 아버지에 '그 딸'…끝내, '역
사'를 되돌리다

⑥ 방문진, 법카 '펑펑' 논란 ➜ 방문진, 발렌타인 21년산에 화
장품에 법카 '펑펑'

⑦ 이상한 대통령 비겁한 의원들 ➜ 유승민 꼴 날라…새누리
의원들 '국정화 묻어가자'

⑧ 적대의 언어는 권력위기의 징후다 ➜ 지금 시국, 이승만·
유신 말기와 흡사하다

⑨ '장량'을 얻고 '한신'을 풀어주라 ➜ 이래선 하늘이 두 쪽 나

도 못 이긴다

⑩ 야당과 언론 덕에 살아 있는 폭력 시위 ➜ "파출소서 깽판 좀 부렸기로 뭐가 잘못이냐"

"이정재 사진을 전지현 사진으로 바꾼 이유"

『한겨레』는 정직한 신문이다. 디지털 에디터는 그 고충을 칼럼으로 털어놓는다. 권태호 디지털 에디터는 「이정재 사진을 전지현 사진으로 바꾼 이유」라는 칼럼에서 "정치부장에서 디지털 에디터로 보직이 바뀐 지 딱 1주일 됐다. 1년 6개월간 매일 아침 다른 신문에 '물 먹은 게 뭔가'를 훑고, '오늘은 1면용으로 뭘 올리나'를 끙끙대던 일상이 하루아침에 달라졌다. 지금 이 시간, 인터넷에서 어떤 『한겨레』 기사가 가장 많이 읽히는지 체크하고, 클릭 수가 많지 않은 기사는 그때그때 바꾼다"며 다음과 같이 말한다.

"자연스레 어떤 기사가 많이 읽히는지, 같은 기사도 제목을 어떻게 뽑고 어떻게 써야 더 많이 읽힐지 한 번 더 생각하게 된다. '염석진 향한 분노, 국정교과서엔…'이라는 기사에 염석

[한겨레]

편집국에서

권태호
디지털 에디터

"디지… 디지털이요?"

지난해 10월, 편집국장이 정치부장인 나를 부르더니 '디지털 에디터'를 맡으라 했다. 그때까지 신문에만 코 박고 살아 〈인터넷 한겨레〉도 잘 안 들여다보던 사람이었다. 그때 주머니 속 핸드폰은 3G였고, 전화기로만 사용했다. 새 보직에 불만이 있어서가 아니라, 잠시 멍했다. 나는 '황당'했는데, 아마 국장은 '당황'으로 읽었으리라.

그렇게 시작했다. 아침 편집회의 때마다 전날 페이지뷰(피브이·PV) 상황을 보고하고, 주간 단위로 많이 본 기사에 상도 준다. 피브이가 오른다고 당장 회사 수익에 직접적 영향을 미치지도 않지만, 신경이 안 쓰일 수 없다. 잘 않던 개인 페이스북에도 매일 기사 한 건씩 올려본다. 조금 지나니, 어떤 기사를 많이 보는지 예지력(?)이 생겨났다. 갈등의 시작이다. 위안부 문제나 박근혜 정부 비판

내가 매일 신문과 놀면서 기사 제목의 중요성을 실감하는 것도 공부라면 공부다. 대체적으로 종이신문 제목은 비교적 점잖게, 인터넷판 제목은 좀 자극적이거나 독자의 눈길을 더 사로잡을 수 있는 식으로 붙이는 경향이 있다.

진 역을 맡았던 영화배우 이정재 사진이 물린 것을 보고, "사진을 전지현으로, 제목에 '안옥윤'도 넣고"라는 식으로 바꿨다. '이정재'보다 '전지현'이 독자를 더 끌어들일 수 있을 것이라 판단했기 때문이다. 두뇌 구조가 바뀌는 듯한 경험을 하고 있다. '무엇이 더 중요한가'에서 '무엇이 더 읽히나' 쪽에 먼저 생각이 미친다. 디지털의 습성상 '언론사들이 디지털을 강화하면 할수록 지금보다 더 진영 논리가 강한 기사가 늘어나지 않겠느냐'는 우려도 든다. 그러나 이는 장기적으론 자해 행위가 될 것이다. 언론이 이런 식으로 가면, 영향력은 높일지 몰라도 공적 신뢰는 스스로 떨어뜨리게 될 것이다.……언론의 디지털화, 개별 언론사 수익 차원을 떠나 공적 기능에 대한 우리 사회의 고민이다. 글 쓰기 전 가제를 '신문의 길, 디지털의 길'로 달았다가, 다 쓴 뒤 '이정재 사진을 전지현 사진으로 바꾼 이유'로 고쳤다. 덜 점잖아지고 있다."●

권태호는 「한겨레는 왜 '도도맘' 기사 안 실었나?」라는 칼럼에선 "아침 편집회의 때마다 전날 페이지뷰(피브이, PV) 상황을 보고하고, 주간 단위로 많이 본 기사에 상도 준다. 피브이가 오른다고 당장 회사 수익에 직접적 영향을 미치지도 않지

● 권태호, 「[편집국에서] 이정재 사진을 전지현 사진으로 바꾼 이유」, 『한겨레』, 2015년 10월 19일.

만, 신경이 안 쓰일 수 없다. 잘 않던 개인 페이스북에도 매일 기사 한 건씩 올려본다. 조금 지나니, 어떤 기사를 많이 보는지 예지력(?)이 생겨났다. 갈등의 시작이다. 위안부 문제나 박근혜 정부 비판은 언론, 그리고 『한겨레』가 이 사회에 기여해야 하는 기능과 피브이 양쪽을 모두 만족시킨다. 그러나 북핵, 거시경제, 학술 기사는 중요하지만 보는 이가 많지 않다. 반대로 엽기적 사건이나 연예인 관련 기사는 일회성 오락거리 요소가 강하지만 의외로 한겨레 독자들도 많이 본다"며 다음과 같이 말한다.

"지난 26일 '도도맘'이 40대 남성을 폭행과 강제추행 혐의로 고소했다는 기사가 떴다. 한겨레 독자가 몰라도 될 내용이었다. 무시했다. 그런데 유혹이 슬금슬금 기어올라왔다. '사이트 아래에 걸어만 놓아도 상당한 피브이를 올리겠지?' 며칠간 피브이가 계속 떨어져 기운 잃은 황소에게 세발낙지 한 마리 먹이고 싶은 심정이었다. 바로 앞 뉴스팀장에게 "도도맘 어떻게 하지?"라 했다. "많이 보겠지만, 너무 경미해서…", "그렇지? 그냥 둡시다."('도도맘' 기사를 게재한 각 언론사의 개별적 판단을 존중한다.) 그 '도도맘' 기사(『연합뉴스』)는 그날 나온 국내 언론사 모든 기사를 통틀어 네이버에서 가장 많이 본 뉴스 4위였다.……『한겨레』는 언제까지 이런 비정상적 언론 환경을 발판으로 삼을 것인가? 결국 언론은 네이버와 페이스북의 하청업체로 전락할 것인가? 날은 저무는데, 숙제는 점점 쌓인다."•

신문의 죽음과 나의 죽음

동병상련同病相憐이라고나 할까? 나는 전형적인 아날로그형 인간으로 디지털 세계가 전통 저널리즘을 변형시키는 수준을 넘어 아예 죽이고 있는 현실이 안타깝기만 하다. 권태호도 우려했듯이, 특히 언론사들이 디지털을 강화하면 할수록 지금보다 진영 논리가 강한 기사가 늘어나고 있는 현실이 개탄스럽기만 하다. 아무리 댓글 세계가 '배설 공간'이라지만, 정치 기사에 달린 댓글들은 반대편에 대한 욕설과 저주 일변도라 "배설 한번 더럽게 하네"라는 생각을 지우기 어렵다.

이젠 이야기를 끝낼 때가 온 것 같다. 독자들은 이미 감 잡으셨겠지만, 내 이런 불평은 이 글의 부제목 그대로 '어느 아날로그형 인간의 디지털 시대 분투기'에 불과하다. 다수결의

• 권태호, 「한겨레는 왜 '도도맘' 기사 안 실었나?」, 『한겨레』, 2016년 2월 1일.

원리에 따르자면, 남들 다 하는 SNS를 한사코 거부하는 내가 이상한 것이지, SNS를 비롯한 디지털 세계의 문법에 충실한 이들을 나무랄 일은 아니다. 어쩌면 내 불평은 디지털 문법을 잘 구사하는 이들에 대한 부적응자의 질투나 시기심에서 비롯된 건지도 모르겠다. 마음을 이렇게 먹어야 오래 산다는 게 내 생활철학이다.

아니 정말 그렇게 생각한다. 나는 아날로그형 글쓰기에 특권을 부여할 필요도 없거니와 그래서도 안 된다고 생각한다. 다른 사람들이 SNS에 시간을 보내는 동안 나는 책을 읽고 글쓰기를 한다. 똑같은 노동이거나 엔터테인먼트일 뿐이다. 오히려 떳떳치 않게 생각하는 쪽은 나다. 내가 내 글쓰기에 대해 "질보다는 양"이라고 외치는 건 내 '다작多作 콤플렉스'의 표현일 게다. 책을 워낙 많이 내다 보니, 아는 분들에게서 "또 냈어?"라는 약간 짜증 섞인 인사를 받아서 생긴 콤플렉스다. 그래서 최근 출간한 어느 책의 '머리말'에선 이런 변명까지 했다.

"누구는 국가와 결혼했다고 하고, 또 누구는 '내 인생은 이미 공적인 일에 바쳤다'(박원순)고 하지만, 나는 책 쓰기에 내 모든 것을 바친 사람이니, 내가 책을 양산해내는 걸 비판하시더라도 적당히 비판해주시면 고맙겠다. 이 책에 실린 주장에 동의하건 동의하지 않건, 이 책의 내용은 현 상황에선 희소성과 더불어 그 나름의 사회적 가치는 있다는 걸 인정해주신다면 더욱 고맙겠다."

나의 책 사랑은 신문 사랑에서 비롯된 것 같다. 나는 종이신문이 좋다. 그러나 아시다시피 종이신문은 죽어가고 있다. 한국언론진흥재단의 '2015 언론수용자 의식조사'에 따르면, 우리나라의 종이신문 구독률은 14.3퍼센트로, 1996년의 69.3퍼센트에서 55퍼센트포인트나 감소했다. 특히 20대의 종이신문 이용시간은 하루 평균 2.5분(150초)에 불과한 것으로 나타났다.[*] 조사방법의 차이 때문이겠지만, 이미 정보통신정책연구원의 '2012 한국 미디어 패널조사'에선 가구당 신문 구독률이 10가구에 1가구꼴인 11.6퍼센트로 추락한 것으로 나타나 충격을 안겨준 바 있다.[**] 종이신문 구독은 계속 하락세를 치닫고 있으니, 이 정도면 '신문의 죽음'이란 말이 결코 과장이 아니다.

신문의 죽음에 맞춰 나 역시 죽어가고 있다. 디지털 속도 전쟁이 거스를 수 없는 문명사적 변화라면 체념하는 건 물론 수긍하고 적응해야겠지만, 이젠 좀 나이가 먹었다는 게 다행이

---

[*] 정철운, 「20대 종이신문 이용시간 24시간 중 '150초'」, 『미디어오늘』, 2016년 1월 29일.
[**] 문현숙, 「10가구 중 1가구만 신문 본다」, 『한겨레』, 2013년 8월 2일.

라면 다행이다. 게다가 우리의 삶에 더 많은 하이테크(첨단기술)를 도입하면 할수록, 우리는 더 많은 하이터치(고감성) 균형을 찾게 된다는 존 네이스비트John Naisbitt의 주장이 어느 정도 타당하다면,* 소규모로나마 아날로그에 대한 복고는 끊임없이 일어나게 되어 있는바, 내 연명 공간도 존재하는 셈이다. 나는 오늘 아침에도 일어나자마자 종이신문을 읽었고 내일도 읽을 것이다. 종이신문이 없는 일요일 아침이 아쉽지만, 그날은 아내의 손에 이끌려 교회에 가 『성경』을 읽는다.

• 존 네이스비트(John Naisbitt), 정성호 옮김, 『글로벌 패러독스』(세계일보, 1994), 145~146쪽.

강준만

오디오파일의 영화 연구

주이상스와 문화정치

조흡
동국대학교 영상대학원 교수

오디오파일의 탄생

내가 초등학교에 입학하기 직전의 일이다. 집에 있던 축음기 암arm에 사용하는 바늘이 필요해 밖에서 부랴부랴 달려왔는데 도무지 식구들이 방에서 나갈 기미를 보이지 않는다. 나는 할 수 없이 음반을 하나 집어 들고 음악을 듣는 척했다. 무슨 이유인지 모르지만 그 어린 나이에도 나는 집에서 자유롭게 기계를 만지는 것이 허용됐다. 아마 내가 기계를 잘 다루었기 때문이라고 짐작하지만 정확한 이유는 나도 모른다. 때로는 어른들이 나한테 "음악 좀 틀어봐라" 하면 나는 곧장 음반 하나를 골라 플래터에 올리고 접혀 있는 암을 능숙하게 풀어 조심스레 판 위에 걸어놓기도 했다. 집에는 고작 5~6장의 판이 있었는데 그중에서 내가 제일 좋아하는 것이 빨간색 레이블의 음반이었다. 내가 그 판을 자주 플레이한 이유는 단순했다. 집에 있는 모든 음반 중에 그 소리가 제일 좋았기 때문이다.

시작은 마치 공포영화의 한 장면처럼 음산했다. 저음이 낮게 깔리다가 독주악기와 교차되면서 주제를 반복하는 그런 음악이었다. 내가 처음 이 곡을 들었을 때 그야말로 충격이었다. 머리가 쭈뼛하고 몸이 꼬이면서 오싹한 한기까지 느낄 정도였으니까 말이다. 내 몸이 음악 속으로 빨려 들어가는 기분이 들었던 내 생애 최초의 오디오파일audiophile 경험이라고나 할까? 한마디로 이전의 어떤 음악에서도 느껴보지 못한 신세계였다. 신기한 것은 그 음반을 틀 때마다 비슷한 경험을 했다는 점이다. 다른 판에서는 전혀 느낄 수 없는 지각적 떨림과 머리가 멍해지는 경험이 유독 그 음반을 통해서만 가능했던 것이다.

당시에는 그 음악이 어떤 곡이었는지 전혀 알지 못했다. 먼 훗날 이미 귀에 익숙할 대로 익숙해진 멜로디가 슈베르트의 〈미완성 교향곡〉이라는 것을 라디오를 통해 알게 된 것이다.

사실 그날 내가 급하게 축음기로 달려간 것은 음악을 듣기 위해서가 아니라 다트를 만드는 데 축음기에 사용하는 철침이 필요했기 때문이다. 내가 만든 다트는 나무젓가락을 반으로 갈라 양쪽 끝을 십자로 골을 낸 다음 한쪽 끝에는 유성기 철침을 박아 고무줄로 단단히 묶고 반대쪽에는 종이접기로 날개를 만들어 끼우는 것이었다. 이 다트는 멀리서 던져도 백발백중 나무에 꽂힐 만큼 성능이 제법이었다. 한 가지 단점이라면 조금 오래 사용하거나 세게 던질 경우 철침이 빠져나가거나 나무에 너무 깊이 박혀 다트와 분리된다는 것이었다. 그럴 때마다 새로 철침을 가져와 보수작업을 해야만 했다. 축음기 바늘은 지우개만 한 크기의 박스에 여러 개가 들어 있었는데, 음악을 듣다 보면 바늘이 쉽게 무뎌져 소리가 이상해지고 그때마다 새로운 것으로 갈아주던 기억이 난다. 그래서 박스째 바늘이 있었던 것이다.

나는 다트 덕분에 동네에서 가장 인기 있는 친구가 됐다.

누구나 한 번씩 내 다트를 던져보길 원했고 어느새 나는 그들에게 선망의 대상이 된 것이다. 그 지위를 더 확고히 유지하고 싶었던 나는 그들에게 다트를 선물하기 시작했다. 그러다 보니 축음기에 비축된 바늘 한 상자가 그야말로 순식간에 사라져버린 것이다. 바늘이 동이 나 음악을 더는 들을 수 없게 되자 집안에서는 왜 그 많던 바늘이 모두 없어졌는지 당연히 궁금해했고 내가 그 의심의 대상으로 지목되자 결국 나는 사실대로 고할 수밖에 없게 됐다. 야단을 맞았지만 그때 꾸중을 듣는 과정에서 바늘이 소리를 내는 데 왜 중요한지 어렴풋하게 알게 된 계기가 되기도 했다. 요즘도 턴테이블을 보면 그때의 일이 가끔 생각난다. 나만의 기억으로 남아 있는 지난 60여 년 동안 철침에서 다이아몬드로 진화된 바늘의 역사를 떠올리면서 말이다.

음향기기에 쉽게 접근할 수 있었던 소싯적 경험 때문에 나는 일찍부터 소리에 민감하게 반응한 듯하다. 미제 진공관 제니스Zenith 라디오로 음악을 듣다가 작은 스피커 2개가 달린 일체형 스테레오로 LP판을 들었을 때의 충격을 여전히 내 몸이 기억하고 있고, 아카이Akai 릴 테이프로 내 목소리를 처음으로 녹음해 다시 들었을 때 그 기묘한 차이를 아직도 잊지 못한다. 라이브 사운드가 기계를 통해 재생됐을 때 어떤 변화를 초래하는지 처음 경험한 이후 나는 실제 음과 기계음의 차이를 포착하는 재미에 빠져들게 됐다. 천둥소리를 듣거나 소방차 사이렌 소리가 울리면 실제 음이 재생된 소리보다 얼마나 거침없고 생동감이 넘치는지 그리고 소리의 방향까지 감지될 만큼 더 입체적인지 그 오묘한 차이를 구분하기 시작한 것이다. 그런 경험들이 결국 나를 오디오파일로 만들게 된 셈이다.

소리를 집중해서 듣는 습관은 심지어 사람을 구분할 때도 그대로 적용됐다. 한동안 나는 사람의 목소리가 그 인물의 전부일 수 있다는 생각을 한 적도 있다. 그런 이유에서 목소리의 전체적인 질감과 안정감에 필요 이상의 가치를 부여하기도 했다. 새로운 사람을 만날 때마다 내가 관심 있게 살폈던 것은 당연히 다른 어떤 속성보다 그 사람의 목소리였다. 실제로 목소리가 어떠해야 한다는 나만의 기준을 설정해놓고 그 기준에서 벗어날 경우 의도적으로 그 사람을 외면한 경우도 있었다. 이는 특히 이성을 만났을 때 반드시 적용한 기준이기도 했다. 목소리가 사람의 외양이나 됨됨이와 그렇게 큰 상관관계가 없다는 사실을 터득한 것은 이후 수많은 시행착오를 경험하고 나서지만, 나에겐 사람의 목소리에 대한 편견이 여전히 무의식으로 남아 있는 것이 사실이다.

집에 있던 이런저런 음향기계를 거쳐 내가 처음으로 제대로 된 나만의 오디오를 장만한 것이 대학교 2학년 때다. 내가 대학을 다녔던 1970년대 초에는 정식으로 대학이 문을 연 것이 4년 동안 정확히 그 반절에 해당하는 2년에 불과했다. 매 2학기마다 대학은 위수령, 3선 개헌, 긴급조치 등의 이유로 9월부터 12월 초까지 문을 닫고 이후 일주일 정도 과제 제출 기간을 설정하고 각 과목에 해당하는 리포트를 제출하면 바로 방학을 하는 그런 대학시절을 보낸 것이다. 결과적으로 1년에 학교에 다닌 것이 겨우 한 학기 4개월에 지나지 않았다. 나머지 기간 대부분은 학교 밖에서 생활해야 하는 매우 비정상적인 대학생활이었던 것이다. 학교 정문에는 장갑차와 무장한 군인이 지키고 있어 학생들이 교내를 자유롭게 출입할 수도 없는 그야말로 대학의 암흑기였던 것이다.

학교 출입이 금지된 상황에서, 또한 지금처럼 공공도서관이나 문화시설이 충분히 구축된 시절이 아닌 환경이었기에

조흡

당시 학생들은 주로 여행을 다니거나 극장을 가거나 음악 감상실에서 대부분 시간을 보냈다. 서울에는 그때 제대로 된 음악 감상실이 종로에 있는 '르네상스'와 광교의 '아폴로', 명동의 '필하모니'가 전부였지만, 한 집 건너 하나씩 들어선 다방이 음악 감상실 역할을 대신하고 있어 "커피 한 잔 시켜놓고" 두어 시간씩 음악을 감상할 수 있었다. 다방마다 실내 인테리어를 특화해 경쟁하기도 했지만 무엇보다 중요한 것이 음악이었다. 어떤 오디오를 설치해놓았는지, 팝·록·가요 중 어떤 음악을 전문으로 하는지, 어떤 DJ가 음악을 소개하는지가 고객이 다방을 선택하는 중요한 기준이었다. 학교생활을 제대로 할 수 없었던 청년들에게 다방이야말로 청년문화의 중심지였던 것이다.

이 당시 내 취미는 딱 하나였다. 현재 중국대사관 근처에 있는 명동 달러 골목에서 미군부대로부터 흘러나온 오디오 전문잡지를 구해 탐독하는 것이었다. 그때 구할 수 있는 잡지는 『오디오Audio』와 『스테레오 리뷰Stereo Review』가 전부였지만, 가끔 미군들이 사용하던 메일오더용 오디오 카탈로그를 구해 보는 재미도 쏠쏠했다. 거기엔 잡지에서 소개된 마란츠Marantz,

JBL, 켄우드Kenwood, 산수이Sansui 등의 기계가 사진으로 게시됐고 미군 면세 가격이 명시되어 있어 기계의 가치를 어느 정도 가늠할 수 있었다. 물론 시중 가격은 카탈로그에 나와 있는 것보다 2배가 훨씬 넘을 정도로 비쌌다. 잡지를 사면 얼마나 자주 보았는지 모든 제품의 특성과 가격을 모조리 외울 정도였다. 나만의 드림 시스템을 구축했다가 시간이 지나면 더 좋은 모델로 대체하는 상상의 구매를 수백 번도 더 하면서 말이다.

나는 대학 1~2학년 때 8개월이나 되는 긴 방학 동안 대략 그 반절의 시간을 오디오에 소비했다. 하루 건너 한 번씩 아침에 일어나면 청계천 6가 중고서점거리에 있는 내 단골서점이었던 '외국서적'에서 새로운 원서가 나왔는지 확인한 다음 세운상가까지 걸어가 순례하듯 오디오숍 한 군데씩 들러 잡지에서 보았던 앰프며 스피커를 들어보고 만져보고 스펙이나 가격을 물어보면서 마치 당장에라도 가격만 맞으면 살 수 있을 것처럼 주인과 이야기를 나누며 시간을 보냈다. 처음엔 제대로 대응하다가 내가 너무 자주 방문하자 가게 주인들도 나를 알아보고 그냥 무시할 정도였다. 결국 주인의 간섭 없이 혼자서 기계를 살펴보고 테스트도 해보기에 이른 것이다. 세운상가에 있

1968년 준공 당시의 세운상가.
나는 세운상가의 오디오숍을 들러
앰프며 스피커를 들어보고 만져보고 스펙이나 가격을 물어보면서
주인과 이야기를 나누며 시간을 보냈다.

는 모든 가게를 훑어보고 나서 마지막으로 발길을 돌린 곳은 당시 최고의 제품들이 진열되어 있는 충무로 오디오 전문점이었다.

충무로는 세운상가와 차원이 달랐다. 세운상가에서는 신품을 구하기도 어려웠을 뿐만 아니라, 일제 위주의 보급용 오디오를 취급했다면 충무로에서는 영제, 미제, 독일제, 스위스제 전문 오디오를 구할 수 있는 그야말로 명기名器들의 집합소였다. 전설로 전해지던 알텍Altec 스피커, 리복스Revox 릴 테이프, 마란츠 7 콘트롤 앰프 등을 직접 볼 수 있는 유일한 곳이었으며 눈으로나마 내가 그 제품들을 소유할 수 있는 꿈의 장소였다. 가끔 운이 좋은 날 그 기계들을 직접 들어볼 수 있는 행운을 얻기도 했는데, 그러기 위해서는 주인에게 제품에 대해 알고 있는 지식을 모두 털어놓으며 지대한 관심이 있는 것처럼 행동해야만 했다. 때로는 주인도 모르는 최신 오디오 정보를 슬쩍 흘리면서 나를 알리기도 했다. 내가 오디오 잡지에 몰두해 상식을 늘려갈 수밖에 없던 이유가 부분적으로 이 때문이었던 것이다.

더스티 스프링필드와 주이상스

나만의 오디오를 구할 때까지 나는 2년 동안을 그렇게 헤매면서 시간을 보냈다. 그 과정에서 이미 내가 점찍어 놓은 앰프와 스피커와 턴테이블이 존재했음은 두말할 나위가 없다. 당시에 가장 인기 있었던 마란츠 앰프와 AR 스피커와 듀얼Dual 턴테이블이 바로 내가 상상하고 욕망한 드림 시스템이었다. 상상을 초월하는 고가의 명기도 아니고 그렇다고 다방에서 주로 사용하는 보급기도 아닌, 내 생각에 가장 적절하다 생각한 시스템이었다. 그래도 여전히 예산이 문제였다. 과외 아르바이트로 모아놓은 돈을 모두 합쳐봐야 턴테이블 하나도 살 수 없을 만큼 돈이 절대 부족한 것이었다. 사실 이 오디오 조합은 내가 넘보기에는 불가능한 시스템이었다. 비록 당시에 인기 없었음을 감안해도, 1970년대 초 반포주공아파트 72제곱미터(22평) 분양가에 맞먹는 예산이 필요했으니 말이다.

그러다 어느 날 기회가 찾아왔다. 회사에 다니던 내 누나가 적금을 타 투자 목적으로 아파트를 사려는 계획을 알게 된 것이다. 나는 즉시 설득에 들어갔다. 내 주장은 반포주공아파트 분양이 미달된 것에서 알 수 있듯이 아파트에 투자하는 것은 바보 같은 짓이니 매년 20~30퍼센트씩 가격이 오르는 오디오에 투자하라는 것이었다. 실제로 반포주공아파트를 처음 분양할 때 일부가 미분양된 것이 사실이지만, 이 이야기는 도무지 말이 되지 않는 논리였다. 그럼에도 나는 온갖 이유를 들이대며 설득을 시도했다. 지금도 기억나는 억측은 내가 오디오를 잘 사용하다가 그녀가 시집갈 때 가져가도 그때 가격이 2배 이상 될 것이라는 주장이었다. 당시 상황에서 전혀 근거 없는 이야기만은 아니었지만, 결과적으로 2~3년 후 오디오 가격은 겨우 20퍼센트 정도 인상된 반면, 아파트 가격은 2배 이상 뛰게된다.

우여곡절 끝에 결국 내가 원하는 시스템을 내 방에 설치하게 됐다. 그때의 그 기분은 세상을 모두 가진 것이나 다름없었다. 밥을 먹지 않아도 배가 불렀고 사귀던 여자 친구를 멀리하면서까지 온종일 오디오에 붙어 있을 정도였다. 낮에는 동네가 떠나갈 듯 크게 듣고 밤에는 잠자는 시간도 아까워 헤드폰으로 음악을 들었다. 무엇보다 내가 원하는 음악을 언제라도 들을 수 있다는 사실이 좋았다. 내 손으로 직접 음반을 고르고 그것을 턴테이블에 올려놓고 커트에 맞춰 바늘을 내려놓은 다음 조심스레 볼륨을 높일 때 손에 전달되는 부드러운 작동의 느낌이 좋았다. 그때까지 경험해보지 못한 기계의 정밀함이 주는 비단 같은 육감적인 것을 내 시스템에서 느낄 수 있다는 사실이 나를 들뜨게 만든 것이다. 그것은 상품의 지위를 떠나 내 세상을 완벽하게 통제할 수 있도록 만들어준 마술봉이었다.

새 오디오를 설치해놓고 그동안 익숙했던 음악을 다시 들었을 때 나는 내가 어렸을 적 기억으로만 간직하고 있던 몸의 전율을 다시 한 번 경험할 수 있었다. 제임스 본드가 등장한 영화 〈카지노 로얄〉의 주제가인 〈The Look of Love〉는 불후의 명곡으로 당시 한국에서도 크게 히트한 곡이다. 이 곡을 부른 영국 팝 가수 더스티 스프링필드Dusty Springfield는 그녀의 매혹적이고도 친친 휘감겨오는 호소력 짙은 목소리로 유명했다. 그녀가 부른 수많은 히트곡 중에서 나는 이 곡을 유독 좋아했다. 그런데 그녀의 음악에 대해 모든 것을 알고 있다고 자부했던 내가 새로 장만한 오디오로 다시 들었을 때 이제까지 전혀 다른 곡을 듣고 있었다는 생각이 든 것이다. 그녀의 목소리는 훨씬 더 촉촉했으며 노래와 함께 수반되는 숨결마저 음악으로 감지

1970년대 초 내가 대학 시절 사용했던 오디오.
나는 육감적인 촉감이 내 시스템에서 감지될 수 있다는 것에 들떴고,
환상적 일탈이 소리만으로 가능하다는 사실에 놀랐다.

될 수 있음을 처음으로 알게 됐기 때문이다.

그녀의 목소리는 부드럽지만 더욱더 뚜렷했고 무대를 내 귓가로 옮겨놓고 노래를 부르는 것처럼 나와 그녀만의 친밀한 교감을 초대하고 있었다. 태어나서 처음으로 가수가 노래를 부르는 공간의 공기를 소리로 듣기도 했다. 그것은 인위적인 기계 조작에 의한 에코가 아니라 스튜디오 공간의 사이즈와 밀도, 가수의 에너지가 창조하는 기氣 그 자체였다. 나는 바로 그 보이지 않는 에너지의 흐름을 내 오디오를 통해 감지할 수 있었던 것이다. 그녀가 노래를 부르다 마이크에서 멀어지는 모습을 이미지로 떠올릴 수 있었으며, 발성할 때 내는 입 모양도 소리를 통해서 그대로 사진처럼 재현됐다. 그러나 가장 쇼킹했던 일은 그녀가 쏟아내는 목소리의 결을 감지할 수 있었다는 것이다. 하나의 뭉뚱그려진 소리가 아니라 음역대에 따라 켜켜이 달라지는 다양한 질감까지 전달받은 것이다.

이런 특징은 해리 벨라폰테Harry Belafonte가 1959년 카네기 홀에서 연주한 것을 라이브로 녹음한 음악에서 절정을 이룬다. 여기 수록된 〈Matilda〉나 〈Day O〉, 〈Cotton Fields〉 같은 곡은 내가 어렸을 때부터 듣고 자란 노래들이다. 〈Matilda〉 가사를 한글로 적어준 것을 무슨 뜻인지도 모른 채 무조건 외워서 노래가 나올 때마다 따라 불렀던 기억이 아직도 생생하다. 이 음반을 다시 들었을 때도 눈을 감고 있으면 카네기홀의 무대를 그대로 그릴 수 있을 정도로 소리의 이미지와 현장감이 뛰어났다. 가수가 무대 어느 쪽을 향해 걸어가는지, 카네기홀에 가득 들어찬 청중 중에 누가 기침을 하는지, 반주를 맡은 악단의 규모가 얼마나 되는지 등을 정확하게 짚어낼 수 있다는 것이 신기했다. 1959년 카네기홀, 바로 거기서 벨라폰테의 공연을 직접 감상하고 있다는 착각이 들 정도였다.

이렇게 잘 녹음된 음반을 내 시스템으로 들으면서 나는 자주 현실을 초월한 고조된 희열에 빠져들곤 했다. 나는 이 설명 불가능한 심리 상태를, 다른 사람에게 이야기했다간 정신 나간 사람 취급받기 딱 좋은 이 위험한 경험을 오랫동안 혼자만의 소중한 기억으로 남겨놓을 수밖에 없었다. 그러다 아주 오랜 세월이 흐르고 내가 유학을 가서 책을 읽다 어느 대목에서 이 상황을 정확히 분석해낸 글을 발견하게 된다. 프랑스 문화학자 롤랑 바르트Roland Barthes는 '주이상스Juissance' 이론으로 바로 이 오금이 저리고 넋이 나가는 현상을 설명하고 있는데,

현실세계를 벗어나 또 다른 층위의 세상으로 진입해 전혀 새로운 몰아지경에 빠져드는 이 경험이야말로 가장 소중한 자유의 기회이자 해방의 순간이라는 것이다. 바로 내가 느꼈지만 설명할 수 없던 감정 상태를 정확하게 짚어낸 것이었다.

롤랑 바르트가 주이상스를 이야기하면서 가수의 목소리를 언급한 것이 나한테는 더욱더 특별하게 느껴졌다. 마치 나의 가장 내밀한 지각적 충격과 몸의 전율을, 그러니까 겉으로는 티 나지 않는 어떤 에너지의 꿈틀거림을 옆에서 관찰하고 있다가 정확히 그것이 무엇인지를 진단해주는 의사를 만난 것 같은 느낌이었다고 할까. 하여튼 내가 그의 주이상스 이론을 읽고 있다는 사실 자체가 운명처럼 느껴진 것이다. 바르트의 설명을 들어보자.

> 육체를 덧댄 언어, 목소리의 결을 우리가 들을 수 있는 텍스트, 고색창연한 자음들, 육감적인 모음들, 성애가 빚어낸 입체 음향의 모든 것: 몸뚱이의 발화, 혀가 만들어내는 소리, 의미가 아니라 언어의 표현. 일부 노래 부르는 데 재능이 있는 사람만이 이런 종류의 글쓰기를 할 수 있다; 그러나 음악

은 이미 수명을 다한 것이나 마찬가지여서 오늘날 영화에서 더 쉽게 이런 것을 찾을 수 있을 것이다. 사실 한마디로 말해서 영화는 대화의 소리를 클로즈업(사실 이것이 글쓰기의 "결"을 일반적으로 정의한 것이다)으로 포착해서 기의를 멀리 옮겨놓은 데 성공하게끔, 다시 말해 무명 배우의 육체를 우리의 귓속에 던져놓는 데 성공할 수 있도록 우리로 하여금 이런 물질성, 관능성, 숨결, 목 끝에서 내는 소리, 입술의 육체성, 인간의 입과 같은 모든 존재성(동물의 입만큼이나 산뜻하고, 유연하며, 윤활된, 섬세하게 까칠한 그리고 생기 넘치는 목소리와 글쓰기)에서 들을 수 있게 만들고 있다: 그것은 까칠까칠하게 만들고, 탁탁 소리를 내기도 하며, 어루만지고, 문지르고, 세차게 치다가, 마침내 분출하게 만든다. 황홀경(주이상스)인 것이다.•

바르트의 주이상스는 문화적 통제에서 벗어나는 것, 즉 "기의를 멀리" 함으로써 의미의 통제와 억압에서 탈출하는 것을 말한다. 따라서 말의 뜻(기의)보다는 목소리일 수도 있고 육체성일 수도 있는 물질성(기표)을 중시하며, 특히 어떻게 이 개

• Roland Barthes, 『The Pleasure of the Text』(Hill & Wang, 1975), pp.66~67.

조흡

념이 구체화되는지, 예컨대 목소리의 결이나 호흡, 입술의 살결 등이 중요한 것이다. 주이상스는, 따라서 몸이 갖고 있는 물질성에서 찾아볼 수 있는 것이다. 음악을 듣거나, 책을 읽거나, 영화를 보는 수용자의 몸에서 찾아볼 수 있는 관능성인 것이다. 주이상스는, 바르트의 묘사에서 감지할 수 있듯이 항상 에로틱하며 그런 이유에서 그 정점은 오르가슴의 순간과 맞닿아 있다. 성적 오르가슴은 몸이 모든 사회와 문화적 영역을 초월했을 때만 가능한 개념이다. 몸과 관능성은 종속과 억압을 거부하고 대신 어디에도 어느 것에도 얽매어 있지 않은 주체의 쾌락을 제시하고 있는 것이다.

이렇게 바르트는 주이상스 개념을 설명하면서 지속적으로 성적 은유를 제시하고 있다. 주이상스를 다른 말로 이야기하면 희열, 황홀경, 오르가슴으로 표현할 수 있을 것이다. 성과 관계된 개념인지라 몸의 쾌락과 밀접하게 연결되어 있고, 인공적 산물인 문화 대신 인간 본성과 관계된 고조된 몸의 욕망을 통해 경험되는 개념이다. 텍스트의 물리적 기표에 의해 생산된 것, 예컨대 더스티 스프링필드의 목소리가 생산해내는 다양한 소리의 결과 같은 것이다. 주이상스는 그녀가 부른 〈The

Look of Love)라는 텍스트의 몸(물질성)에 위치함과 동시에 내가 그녀의 노래를 들으면서 내 몸이 반응한 결과, 떨림과 진저리 같은 현상이다. 모든 가수가 목소리의 결을 드러낼 수 없듯이, 노래 속에 담긴 그 기질을 모두가 감지하는 것도 아니다. 주이상스는 텍스트와 수용자 두 몸의 상호작용으로 만들어진 산물인 것이다.

바르트의 주이상스 이론에 따르면 나는 오래전부터 음악을 머리로 듣지 않고 몸으로 들었다는 이야기다. 어린 아이들이 공포영화를 무서워하면서도, 심지어 꿈에서 악몽을 꾸면서도 여전히 그 공포를 계속해서 즐기는 것은 그들 나이에 공포가 육체적 쾌락을 대신한 것이기 때문이라는 이론처럼 나는 어렸을 때 무겁게 짓누르는 저음이 주는 공포의 느낌에서 지각적 떨림을 즐긴 것이고 성인이 돼서는 가수의 목소리가 생산하는 결에서 내 몸에 스며드는 꿈틀거리는 에너지를 향유한 셈이다. 바로 그 순간 나를 옥죄는 무엇에서 탈출을 성공적으로 감행한 것일 텐데 무엇에서 탈출한 것이었고 어떤 억압이 있었는지는 불분명하지만, 확실한 것은 바르트의 주이상스 이론처럼 소리가 주는 관능성에 내가 깊숙이 빠져 있었음은 틀림없는 사실인 것 같다. 밀려오는 소리의 파동을 탐닉하면서.

이데올로기에서 감성이론으로

이런 지각적 경험은 내가 훗날 영화를 가르치면서 아주 소중한 비판적 자산이 되기도 했다. 음악이 듣고 느끼는 직접적인 지각적 자극이라면, 영화는 보고 느끼고 생각하게 만드는 다소 복잡한 과정을 거친다는 것이 흥미로웠다. 음악이 영화에 비해 감성을 더 직접적으로 생산해 청중을 그 정서적 상태에 머물게 만드는 경향이 강한 반면, 영화는 한걸음 더 나아가 영화에서 자극받은 느낌의 강도가 관객의 현실세계와 연결되는 것이 아닌지 나는 오랫동안 의문을 갖고 있었다. 물론 음악도 어느 시인의 표현처럼 '그대'가 그리운 것은 그대가 아니라 '그때'가 그리운 것일 수 있듯이 음악이 시대와 사건에 대한 추억을 떠올리게 만든다는 점에서 현실세계의 구체적인 현상과 연결될 수 있음을 부정하기 어려운 것이다. 텔레비전에서 가수의 노래를 들으면서 눈물을 흘리는 그 관객처럼 말이다.

여기서 내가 가진 의문은 바르트가 이야기했던 주이상스

건너편에 무엇이 있을 것인지에 대한 궁금증이다. 객석에서 가수의 노래를 들으면서 회상에 잠겨 하염없이 눈물을 흘리고 있는 그 관객이 카타르시스나 주이상스를 경험한 다음 무엇이 가능할 것인지의 문제인 것이다. 현실을 떠나 있어 모든 의미와 사회적 통제에서 벗어나 있는 자유로운 상태가 생리적 오르가슴만큼이나 찰나적 쾌락에 불과할 테고, 따라서 초월적이고 존재론적인 상태에 영원히 빠져 있을 수 없는 것인데 과연 그것으로 끝인 것인지, 아니면 무엇이 더 가능할 것인지가 궁금했던 것이다. 이를 달리 이야기해보면, 우리가 인식 또는 의식의 과정이 생략된 채 존재론적 경험을 한다면 둘 사이의 관계는 더이상 어떤 접합도 불가능한 별개의 독립된 영역으로만 남아 있을 것인지의 의문이었던 것이다.

이 문제를 영화에 적용했을 경우 음악이나 소리보다 복잡해지는 것은 서사의 개입 때문이다. 다시 한 번 강조하건대, 대중음악도 가사가 있고, 클래식 음악도 기호학적 의미를 가질 수 있는 것이 사실이지만, 이미지(공간)와 스토리(시간) 두 축으로 전개되는 영화가 음악보다는 조금 더 복합적인 것이 사실이다. 그뿐만 아니라, 바르트도 지적했듯이 영화가 음악과 비교해 경우에 따라서는 더 지각적일 수도 있는 것이다. 실제로, 잠시 후 자세히 논의하겠지만, 디지털 기술의 발전과 포스트모더니즘 사조의 심화로 인해 오늘날 서구영화는 더이상 서사에 연연하지 않고 관객의 몸에 직접 호소하는 지각적 자극의 극대화를 추구하고 있는 상황이다. 이제 영화는 기존의 음악, 미술, 무용, 체육 등 모든 예술의 감각적 요소만을 추출해 지각적 떨림을 최우선적 과제로 삼고 있다 해도 과언이 아닐 정도인 것이다.

내 생각에 이런 특징에 가장 부합한 영화가 덴마크 감독 라스 폰 트리에Las von Trier가 연출한 〈안티크라이스트Antichrist〉(2009)가 아닌가 싶다. 특히 이 영화의 '프롤로그'는 비극적인 이야기를 가장 감각적인 소리와 이미지로 구현한 압권이다. 이 시퀀스는 1초에 1,000프레임이라는 초고속 촬영기법을 사용해 완성한 흑백 슬로 모션 장면이다. 영화는 한 쌍의 부부가 현실보다 훨씬 더 느릿한 속도로 세탁기 옆에서 섹스하는 이미지로 시작된다. 서서히 몸이 움직일 때마다 그녀의 얼굴은 극치감에 조금씩 더 일그러지고, 이는 마치 관객의 실제 대상이자 경험 그 자체인 것으로 착각하게 만들 만큼 생생하게 전개된

라스 폰 트리에가 연출한 〈안티크라이스트〉는 마치 관객의 실제 대상이자
경험 그 자체인 것으로 착각하게 만들 만큼 생생하게 전개된다.

다. 화면에서 펼쳐지는 그가 느끼는 쾌감과 고조된 감성의 강도도 관객에게 그대로 전달된다. 두 사람의 가장 사적인 행위를 현미경으로 들여다보듯 선명한 입자로 다가오고 있는 것이다.

그렇게 두 사람이 현실에서 가장 멀어져 있는 순간 비극이 시작된다. 아기 침대에서 자고 있던 아들이 깨어나 제 발로 내려오더니 힐끗 엄마를 쳐다본 뒤 의자를 끌어 창가에 밀어놓고 그 위에 올라가 함박눈이 휘날리는 모습을 바라본다. 이윽고 창틀 위에 자랑스럽게 올라서서 잠시 만족스런 모습을 보이는가 싶더니 아이는 갑자기 눈에 미끄러져 땅바닥으로 추락하고 만다. 그가 놓친 인형도 함박눈과 함께 하늘을 날듯 서서히 떨어진다. 제법 길게 진행되는 이 시퀀스는 헨델의 오페라 〈리날도Rinaldo〉에 등장하는 아리아 〈울게 하소서Lascia Ch'io Pianga〉에 맞춰 편집되어 슬로 모션으로 움직이는 모든 동작이 노래의 슬픈 가사와 멜로디와 함께 춤추듯이 진행된다. 이 비극적 장면이 생산하는 감성은 어지럽고 생경한 충격이다. 죽음과 오르가슴과 천국의 기쁨이 느리게 교차되는 아뜩한 느낌인 것이다.

성적 극치감이 아들의 죽음과 병치될 수 있다면 그리고 그 모든 것을 성스러운 음악이 감싸고 있다면, 이는 오르가슴의 순간이 속세를 벗어난 죽음과 상통할 수 있는 개념일 수 있고 동시에 종교적 환희와도 연결된 개념일 수 있다. 내가 이 프롤로그를 처음 보았을 때 책을 통해서만 이해했던 주이상스 이론이 내포하고 있는 이 3가지 감성, 즉 오르가슴과 죽음과 희열이 모두 하나의 감성임을 처음으로 느낄 수 있었다. 그러나 문제는 몸에 소름이 돋는 지각적 반응을 경험하는 과정에서 자극과 전율과 쇼크 이외에 아무것도 생각할 수가 없었다는 점이다. 머리가 그저 텅 빈 느낌이 들고 몸이 나른해지는 것을 감지할 수 있었을 뿐, 영화의 내용이나 이야기의 흐름에는 무관심한 채 오로지 이미지가 주는 충격만을 소비했다고 하는 것이 정확한 표현일 정도로 영화가 생산한 느낌에만 몰두한 것이다.

　　나는 바로 이런 지각적 자극의 극대화가 현대 서구영화의 핵심이라고 생각한다. 특히 할리우드 영화에서 이야기를 중심으로 영화가 진행되기보다 끊임없이 전개되는 액션의 연속만으로도 영화 제작이 가능하다는 점에서 그렇다. 이는 할리우드 블록버스터, 예를 들어 〈지. 아이. 조〉 시리즈나 〈트랜스포머〉, 〈본〉 시리즈를 떠올리면 쉽게 이해되는 대목이다. 이때 영화의 기능은 감동적인 스토리 전달이 아니라, 관객의 흥분지수를

조흡

극대화하는 것에 불과하다. 실제로 오늘날 관객이 할리우드 영화를 경험한다는 것은 영화의 일관된 이야기를 감상하는 것보다 디지털 시대에 걸맞은 이미지의 충격을 즐기는 것이라고 해도 과언이 아니다. 영화는 이제 디지털 기술을 이용해 만들어지고 있고, 그 결과 영화문법보다 컴퓨터 언어의 명령대로 액션이 생산되는 시스템으로 바뀌고 있는 것이다. *

나는 이런 변화가 문화와 영화이론에 매우 중요한 함의를 내포하고 있다고 생각한다. 만약 디지털 기술이 영화를 지각과 시각적 촉각성이 더욱 두드러지게 만들고 있다면, 이제 이론도 이에 따른 몸과 지각을 설명할 수 있어야 하지 않겠느냐는 생각이다. 이제까지 미디어이론이 주로 의식과 인지에 주력했다면, 그 결과 의미나 이데올로기 추적에 집중했다면, 디지털매체 환경에서는 몸과 지각에 관계된 감성이론이 제시되어야 하는 것이 아니냐는 이야기다. 실제로 감성론은 현재 많은 학자의 관심사라는 점에서 넘쳐나고 있다 해도 과언이 아니다. 문제는 과연 이 감성이론들이 내가 궁금하게 생각하는 초월적이고 존재론적인 주이상스 너머에 어떤 과정이 있는지를 설명해 줄 수 있을 것인지다. 아울러 이 감각이 전경화된 영화 패러다

---

* 이 글에서 전개되고 있는 영화와 감성에 대한 논의는 내가 지금까지 발표한 논문과 영화비평들을 바탕으로 종합, 확대, 발전시킨 것이다. 특히 다음 두 논문을 중점적으로 차용했다. 「디지털 기술과 감성 패러다임 시대의 영화산업」, 『현대영화연구』, 제14호, 2012; 「〈감시자들〉과 통제시대의 문화정치」, 『문학과영상』, 제15호 제4권, 2014.

임의 변화가 후기 자본주의와 어떤 상관관계를 맺고 있는지도 궁금하다.

이렇게 보면 소리에 빠져 있던 내가 영화에서도 동일한 문제를 고민하고 있는 셈이다. 여기서 문제의 핵심은 감성이다. 이는 또한 포스트모더니즘과 포스트포디즘의 문화나 경제 사조와 밀접하게 관련되어 있다. 이 새로운 지각 공간은 머리로 깨우치기보다 몸으로 느끼는 개념으로 이데올로기와 재현을 건너뛰고 있으며, 바로 그런 이유에서 추적하기 어려운 영역이자 비판과 폭로가 쉽지 않은 연구 과제인 것이다.[*] 그러나 일부 학자들은 영화가 이 시대를 관통하는 '감정 구조'를 드러낼 수 있다고 주장한다.[**] 같은 맥락에서 조너선 벨러Jonathan Beller는 시네마가 사회조직과 생산체제 그 자체라고 주장하기도 한다.[***] 즉, 현대경제에서 생산은 그 과정의 한 부분이 필연적으로 시각적인 것을 통해 가능하며 이를 통해 만들어진 이미지는 경제의 움직임에 필수적이라는 것이다.

이 주장은 감성이 곧 경제인 세상 속에 우리가 살고 있으며, 영화야말로 감성 생산의 원천임으로, 영화의 감성 생산 과정을 이해하는 것은 오늘날 불가지不可知의 영역이 되어버린 자

- Fredric Jameson, 『Postmodernism, Or, the Cultural Logic of Late Capitalism』 (Durham: Duke Univ. Press, 1991), pp. 53~54.
- •• Steven Shaviro, 『Post Cinematic Affect』 (Winchester: Zero Books, 2010), pp. 2~3.
- ••• Jonathan Beller, 『The Cinematic Mode of Production: Attention Economy and the Society of the Spectacle』 (Hanover: Dartmouth Univ. Press, 2006), p. 10.

조흡

본경제 체제를 어느 정도 유추 가능한 것으로 되돌릴 수 있다는 이야기다. 한마디로 영화문법의 이해가 곧 사회구조의 문법을 이해하는 것과 같다는 말이다. 따라서 고전 할리우드 연속 편집 기법, 즉 이야기를 중심으로 한 영화 제작 방식이 포디즘 생산양식에 상응하는 논리이듯이, 디지털 영화의 제작 방식이 후기 자본사회의 신자유주의 경제 또는 포스트포디즘 경제를 떠받드는 컴퓨터, 정보기술의 작동원리와 마찬가지 이치일 수 있는 것이다.[*] 예컨대 스펙터클한 이미지를 생산하기 위해 선택과 조합이라는 디지털 합성 과정을 통해 영화가 제작되는 것은 포스트포디즘 경제의 '유연성' 원리와 닮아 있다는 것이다.

정리해보면 감성이 강조된 영화는 디지털 경제의 공간 안에서 산출되는 일상적 경험이라는 재현하기 어려운 생활양식을 이제 '인식론적 지도 그리기cognitive mapping' 대신 '감성적 지도 그리기affective mapping'를 통해 현재의 시대적 느낌과 감정이 무엇인지를 이해할 수 있다는 것이다. 외부세계를 지도처럼 파악할 수 있는 인식론적 지도와 달리 감성지도는 오늘날 인식의 주체가 사라지고 감성이 넘쳐나는 상황에서 문화가 사회적 관계를 단순히 재현 또는 반영하는 것이 아니라, 세상에 관한 느

---

[*] Lev Manovich, 『The Language of New Media』 (Cambridge: MIT Press, 2002).

낌과 흐름을 적극적으로 구축하는 과정을 묘사하는 용어다.[*] 영화가 이 과정에서 중요한 매개체임은 당연하다. 영화는 이제 감성지도로서 현실세계를 재현하는 의미 과정으로 파악되는 대신, 현대사회의 관계와 흐름 그리고 무엇보다 현대사회 구조 그 자체에서 느낄 수 있는 느낌을 생산하고 있다는 것이다.

이렇게 서구의 문화와 영화이론이 인지에서 감성 패러다임으로 전환되고 있는 상황에서 또한 한국 영화산업이 디지털 기술을 전면 수용하고 있는 현실에서 얼핏 서구 감성이론의 대입이 무리 없이 가능할 것 같지만, 정작 한국 영화산업과 관객 수용의 실상을 살펴보면 아직도 한국 대중영화가 전통적인 영화문법에 충실하고 있다는 사실에 직면하게 된다. 이로 인한 효과나 결과는 감성과 지각 개념을 우선해서 영화를 이해하기에는 충분하지 않은 상황적 조건이 존재하는 것이다. 다시 말해 한국 상업영화가 일부 할리우드 블록버스터와 달리 의미를 배재한 채 새로운 감성의 구축에 몰두하는 흐름을 보이고 있지 않다는 말이다. 디지털 기술과 감성 생산을 직접적인 관계로 살펴보기에는 두 변수 사이에 존재하는 새로운 매개 조건이 한국 영화라는 맥락에서 제시되고 있는 것이다.

---

[*] 인식의 지도와 감성지도에 관한 비교분석은 Giuliana Bruno, 「Traveling Domestic: The Movie "House"」, 『Atlas of Emotion: Journeys in Art, Architecture, and Film』(New York: Verso, 2002), pp. 247~279 참조.

맥락의 차이: 할리우드와 한국 영화

그렇다면 이 맥락의 차이는 어디에서 비롯되는 것인지 먼저 살펴볼 필요가 있다. 1895년 영화가 소개된 이래 1920년대 말까지 무성영화가 존재했지만, 이후 정립된 현대 영화에서 소리는 영상 못지않게 중요해진다. 영화는 영상뿐만 아니라 대사와 음악과 음향 효과까지 포함한 소리의 예술이기도 하기 때문이다. 경우에 따라서는 소리가 단순히 이미지를 보완하는 역할을 넘어서 소리가 가진 특성으로 영화를 이끌어나가기도 한다. 소리에 관심이 있어서인지는 몰라도, 나는 영화를 볼 때마다 얼마나 창조적으로 소리가 이용되었는지를 유심히 살펴보게 된다. 내가 한국 영화에서 가장 아쉽게 생각하는 점도 영화의 소리다. 왜 한국에서는 프랜시스 코폴라Francis Coppola 감독의 〈도청〉(1974)과 같은 작품이 안 나오는지, 음악은 왜 한결같이 입체적이지 못하고 평면적인지 등의 문제를 비판적으로 살펴보게 된 것이다.

학구적 관심으로 이 문제를 접근하다 보면 지극히 복합적인 이유가 내재하고 있음을 알 수 있다. 우리가 영화라고 이야기했을 때, 지금은 사정이 달라졌지만 불과 20여 년 전만 해도 제일 먼저 떠올리는 것이 할리우드 영화였다. 실제로 1970년 대 대학을 다녔던 한국의 학생들이 가장 큰 영향을 받은 것은 아마도 할리우드 영화와 영미의 팝과 록 음악이었을 것이다. 어쩌면 나를 포함한 대다수가 책에서 세상의 이치를 깨우친 것 보다 영화나 음악을 통해 세계관을 형성했다는 것이 맞는 말일 정도로 적어도 문화 영역에서 할리우드의 영향력은 절대적이 었다. 그뿐만 아니라, 영화와 음악에 담긴 '정치성'마저도 우리 가 이룩해야 할 일종의 사회정치적 규범으로까지 무의식적으 로 수용하지 않았나 생각한다. 이렇게 할리우드 문화는 모든 것을 견줘볼 수 있는 절대적 시금석이었던 것이다.

한국 영화와 소리, 그리고 더 넓게는 영화와 감성의 문제 를 이야기하는 것은, 따라서 한국 영화와 할리우드를 비교할 수밖에 없으며, 이는 동시에 모더니즘과 포스트모더니즘의 논 쟁으로 이어지게 된다. 물론 논의가 거기서 끝나는 것이 아니 라 단지 시작에 불과하지만 말이다. 내가 유학하고 한국으로 돌아온 1990년대 후반까지도 한국에서 포스트모더니즘 논쟁 은 여전했다. 그러나 이 개념은 적어도 그 당시 한국 영화에서는 오로지 이론으로만 존재하는 설에 불과한 것이었다. 리얼한 이야기가 여전히 한국 관객을 사로잡고 있는 판국에, 또는 민주화의 역사가 짧아 과거에 벌어진 일들을 있었던 사실대로 전하고 싶은 욕망이 큰 상황에서 과거를 문화유산으로 삼아 현재화하고 싶은 문화 창조자들에게 스펙터클이 난무하는 포스트모더니즘 영화는 말 그대로 할리우드에서나 가능한, 전혀 다른 세상의 언어였던 것이다.

이 이야기는 1990년대를 지나 2000년대에 접어들어서까지 주류 한국 영화가 할리우드 영화와 달리 관객의 흥분지수를 높이는 지각과 감각의 극대화를 시도하는 대신 서사 중심의 영화 만들기, 그러니까 영화란 모름지기 기-승-전-결의 이야기 구조를 가져야 하고 영화 막판에 짧은 클라이맥스를 위해 치밀한 구성이 중요하다는 원칙을 포기할 수 없음을 의미하는 것이다. 그런데 이 서사를 중심으로 만들어진 영화가 내 눈과 귀에는 아주 밋밋하게 느껴진 것이다. 오랫동안 할리우드 영화에 익숙해진 상태에서 다시 한국 영화를 보았을 때 첫 번째 떠오른 인상은 스토리 전개가 느리고, 미장센mise-en-scéne이 절제되어 있으며, 효과에 인색하다는 것이었다. 영화를 오로지 이야기로 이끌어나가다 보니 시나리오의 완성도가 완벽하지 않으면 영화에 몰입하는 것이 어려운 경우를 자주 경험하게 된 것이다.

이 맥락에서 내가 제기한 의문은 간단했다. 왜 한국 영화는 관객의 시청각적 쾌락을 자극하는 데 인색한 것일까? 이에 대한 해답은 영화산업 내부의 구조적 문제와 사회문화적 층위의 거시적 이유가 함께 어우러진 매우 복합적인 것이다. 사회적으로는 모더니즘의 이상이라 할 수 있는 정의, 자유, 평등과 같은 개념이 정착하지 못하고 여전히 권위와 불의와 불평등이 만연한 현실에서 영화가 제시하는 환상적인 해결책이 이야기로서 가치를 지닌다는 것이다. 포스트모더니즘의 대전제 중 하나가 이데올로기를 벗어나 이를 감각과 쾌락으로 승화시킨다는 것인데, 아직 한국에서는 주인공이 불굴의 의지로 악당을 물리치고 정의를 실현한다는 이야기가 여전히 설득력이 있는 것이다. 한국적 맥락에서는 자유와 정의라는 대서사가 충분한 조건이기보다 오히려 이전보다 필요한 조건이 되어버린 것이다.

이런 사회문화적 맥락에서 화면 속 이미지가 화려하고 어지럽게 펼쳐지면서 효과음이 쏟아지는 영화가 한국인의 정서

조흡

에 맞아 떨어지기는 어려운 일이다. 이와 관련해 한 가지 흥미로운 사실은 전 세계 영화시장에서 한국에서만 유일하게 〈스타워즈〉 시리즈가 한 번도 박스오피스 1위를 차지한 적이 없다는 점이다.* 미국과 다른 나라에서 개봉 때마다 1위를 놓쳐 본 적이 없는 영화가 한국에서는 크게 성공하지 못했다는 사실이 흥미롭다. 이 영화가 화려한 액션과 입체적인 효과음, 또한 빠른 화면의 전개 등으로 충분히 관객몰이에 성공할 요소가 많음에도 한국에서 외면 받고 있는 주된 이유는 영화에서 펼쳐지는 이야기가 한국 관객에게 그리 현실적으로 와 닿지 않기 때문이다. 한국에서는 화려한 화면의 이미지보다 잘 짜놓은 사실적인 스토리 중심의 영화가 더 흥행하기 쉬운 것이다.

한국 관객들이 사회문화적인 이유로 서사보다 이미지와 스펙터클을 앞세운 영화를 외면하는 이유도 있지만, 한국 영화가 그렇게 된 것은 영화산업 내부의 구조적 문제에서 기인한 결과이기도 하다. 할리우드와 비교해 한국 영화산업의 규모는 비교할 수 없을 정도로 영세하다. 국내 게임산업과 비교해도 영화산업이 그 1/10 정도에 불과한 점을 감안하면 할리우드에서 매년 여름과 겨울 성수기에 쏟아내는 블록버스터와 유사한

● 한국콘텐츠진흥원, 『미국 문화코드 연구』(한국콘텐츠진흥원, 2010), 3쪽.

한국인들에게는 화려한 화면의 이미지보다
잘 짜놓은 사실적인 스토리 중심의 영화가 더 매력적이기 때문에
〈스타워즈〉 시리즈는 한 번도 박스오피스 1위를 차지한 적이 없다.

영화를 왜 한국에서는 보기 어려운지 쉽게 이해할 수 있다. 무엇보다 영화 제작에 필요한 대자본을 동원할 시장 규모가 아니라는 점이 가장 큰 걸림돌이다. 한국형 블록버스를 제작하는 데 필요한 전체 예산이 할리우드 주연배우의 영화 한 편 출연료보다 낮다는 사실은 한국 영화가 설령 블록버스터를 만든다고 해도 할리우드만큼 화려하게 화면을 뽑아내기 어렵다는 것을 의미한다.

이에 덧붙여 영화제작 기술의 한계 또한 중요한 이유라고 할 수 있다. 할리우드가 오락 중심의 영화, 즉 서사가 탄탄한 영화가 아니라 액션과 이미지가 우선한 영화에 집중하는 중요한 이유 중 하나는 할리우드 영화산업이 미국의 국방과학연구에서 스핀-오프spin-off된 첨단기술의 일차적 수혜자이기 때문이다. 할리우드야말로 미국 군산합작의 대표적 예라고 할 수 있을 정도로 무기개발을 위한 연구가 상용화될 때 영화산업이 누구보다 먼저 그 기술을 사용하고 있는 것이다.* 〈아바타〉나 〈그래비티〉 같은 영화에서 선보인 특수효과는 그 컴퓨터 소프트웨어 자체가 대부분 군사기술의 상업용 버전이라는 이야기다. 영국, 프랑스, 독일 등 유럽 영화가 여전히 스토리 중심의 영화

* Andrew Martin, 「How Hollywood and the Military Industrial Complex Collaborate」, excerpts from 『Rethink:--Your World, Your Future』(Oneness Publishing, 2015). http://www.collective-evolution.com

를 제작하고 있는 것도 이 맥락에서 접근하면 쉽게 이해할 수 있다. 할리우드 영화는 기술과 자본의 결정체인 것이다.

자본과 기술이 앞서 있다 보니 영화가 의미보다 재미를 추구할 가능성은 당연히 높다. 이는 또한 포스트모더니즘 사조와 밀접하게 연관되어 있는 현상이기도 하다. 포스트모더니즘은 모더니즘의 이상들이 어느 정도 실현된 상황에서 이를 넘어서는 또 다른 패러다임으로 진입하는 것을 의미하지만, 과연 그런 것인지는 논란의 여지가 많다. 서구세계가 실제로 젠더와 인종, 계급의 문제에서 최소한으로나마 모두가 인정할 만한 해결책을 제시했는지 의문인 것이다. 이런 의심을 갖고 포스트모더니즘을 살펴보면 그것은 고작해야 대니얼 벨Daniel Bell이 제시한 '후기산업사회'의 유토피아,* 즉 칼 맑스의 공산주의 사회에서가 아니라 미국과 같은 자본사회에서 노동자들이 원하는 만큼 일하고 나머지는 여가를 즐기는 꿈같은 목표를 실현하기 위한 포스트시대의 경제 전략에 불과한 것이 아니냐는 것이다.

이런 의심은 특히 미국의 경제적 헤게모니가 쇠퇴한 상황에서 미국이 경쟁우위를 확보할 수 있는 정보, 통신, 서비스산업을 포함한 문화 영역에서 리더십을 선점하려는 시도에서 충분

* Daniel Bell, 『The Coming of Post-Industrial Society: A Venture in Social Forecasting』(New York: Basic Books, 1976).

히 읽힌다. 그렇다면 포스트모더니즘은 미국이 상실한 경제적 패권을 회복하기 위한 인문학적 고민의 산물쯤으로 이해해도 좋을 것이다. 이렇게 정리하면, 오늘날 할리우드 영화가 왜, 조금 과장을 보태면 오로지 감각만을 자극하는 영화를 제작하는지 쉽게 이해할 수 있다. 영화가 더이상 예술이 아니라 고부가 상품으로 전락한 상황에서 세밀한 줄거리나 영상미학을 추구하거나 삶을 반추하는 이야기일 필요가 없는 것이다. 할리우드 블록버스터 〈트랜스포머〉나 〈지.아이.조〉에서 볼 수 있듯이, 이야기의 인과관계나 논리적 흐름과 상관없이 액션과 효과음, 현란한 편집만으로도 얼마든지 관객을 흥분시킬 수 있는 것이다.

정리하자면, 할리우드 블록버스터에서는 소리를 포함한 효과기술의 과도함이 서사를 약화시키고 있고, 한국 영화에서는 그 반대로 서사에 집중하는 형국이어서 상대적으로 영화의 정서적 질과 깊이를 결정하는 음악과 미술에 소홀한 편이다. 더 정확하게는 스토리를 진행하는 데 크게 방해받지 않는 음악이나 미술과 같은 파트에 사용할 예산 자체가 부족한 것이다. 결국 할리우드 영화에서는 화끈함을 즐길 수는 있지만 머릿속에 남는 것이 없고, 한국 영화에서는 감동적인 스토리이긴 해도 영화가 작위적이거나 밋밋하게 느껴질 경우가 많은 것이다. 할리우드와 달리 한국 영화가 그나마 경쟁력을 발휘하고 있는 것은 그동안 서구에서 실험되고 검증된 미학적 기법을 빌려와 이야기를 탄탄하게 풀어내고 있기 때문이다. 바로 이 대목에서 이야기와 지각적 자극이 결합된 한국 영화를 기대하게 만들고 있다.

디지털 경제와 한국 영화

문화가 경제적 헤게모니를 되찾기 위해 동원된 경제 전략이라는 말은 디지털 기술의 확산과 함께 더욱 심화되고 있는 것이 현실이다. 오늘날 경제는 한마디로 디지털 경제라 해도 좋을 정도로 디지털 기술을 중심으로 전 영역에서 획기적 변화가 일어나고 있다. 포스트포디즘 디지털 경제에서는 상품의 기능, 또는 이야기의 새로움은 중요한 요소가 아니다. 이 국면에서 상품의 차별화는, 앞서 이야기한 대로 기능과 의미를 건너뛰고 감성에 직접적으로 호소하는 것으로 가능하다. 현재 자본의 위기가 '과잉생산'에서 비롯된 것이며, 이 위기를 탈출하기 위해서 소비 촉진이 중요함에도 이를 위한 지속적인 소비자의 욕망을 창출하는 데 한계상황을 맞게 된 것이 경제 문제의 핵심이다.* 자본이 처한 가장 시급한 문제는, 따라서 어떻게 소비자로 하여금 '주목'하게 만드느냐인 것이다. 감성적 어필이 중요해진 배경인 것이다.

이 맥락에서 디지털 기술이 영화를 포함한 모든 영상예술에 직접적인 변화를 초래하고 있다는 사실은 쉽게 짐작해볼 수 있다. 디지털 기술은 이미지에 햅틱적heptic 속성을 부여하고, 그 결과 이미지가 더는 시각적인 것으로만 한정할 수 없게끔 진화하고 있는 것이다. 이제 영화는 디지털 기술을 차용해 지각과 시각적 촉각성이 더욱 두드러지게 만들고 있어 포스트포디즘 경제체제에서 가장 필요한 소비자 감성인 시선의 주목, 감성의 고조, 이미지 등을 전파 또는 훈련시키고 있는 셈이다. 이는 광고를 떠올리면 잘 알 수 있듯이 상품경제체제에서 생산과정의 한 부분이 필연적으로 시각적인 것이어야 하는 것과 밀접한 관계가 있다. 포스트포디즘 경제체제에 부합한 감성을 구축하는 데 영화는 가장 효과적인 매체이며, 따라서 영화가 21세기 상품경제를 유지하는 데 필수요건이 된 것이다.**

● 로버트 브레너, 전용복 · 백승은 옮김, 『혼돈의 기원』(이후, 2001).
●● Jonathan Beller, 『The Cinematic Mode of Production: Attention Economy and the Society of the Spectacle』(Hanover: Dartmouth Univ. Press, 2006), pp. 1~13.

이렇게 보면 할리우드 영화, 특히 블록버스터에서 기존의 영화문법을 완전히 무시하고 이야기를 건너뛰면서, 예를 들어 자동차나 로봇의 추격 신으로 속도감을 높여 감성적 흥분을 유도하는 것이 포스트포디즘 체제의 시대적 징후임을 쉽게 이해할 수 있다. 이는 미국의 신자유주의 경제를 떠받드는 컴퓨터, 정보기술의 작동원리와 마찬가지로 샷과 샷을 그럴듯하게 보이도록 현실감 있게 연결하기보다 경제적으로 가장 효율적인 방식, 즉 디지털 기술의 합성과 변조를 통해 끊임없는 액션만을 강조하는 수법인 것이다. 그 결과 전투나 추격 신이 혼란스럽거나 샷의 진행이 오로지 빠른 페이스를 추구하는 방식으로 영화가 만들어지고 있어 액션의 논리적인 유추나 이야기의 연속성을 보장할 수 없게 된 것이다. 한마디로 할리우드 영화는 신자유주의체제에서 필요한 감성을 생산하고 있는 것이다.

그러나 한국 영화는, 이미 언급한 대로 할리우드와 커다란 차이를 보인다. 영화감독들은 이야기의 흐름을 중시하고, 반면에 개연성을 저해하는 임의적이거나 우발적인 사건의 개입을 극도로 꺼린다. 이는 한국 관객들이 논리적으로 앞뒤가 맞지 않는 이야기를 외면하기 때문이기도 하지만, 영화감독 자신이 대중을 상대할지언정 여전히 예술을 하고 있다는 자의식이 강하기 때문에 나타난 결과이기도 하다. 최근 한국 영화산업에서도 영화를 비즈니스로 대하는 대기업이 등장한 이래 경제적 효율성을 강조하는 입장과 이런 경향이 간혹 부딪치기는 하지만, 영화감독들이 제작자에게서 상대적으로 자유로운 것은 사실이다. 관객이 주인공의 헌신적인 노력으로 사회정의를 실현하는 판타지를 요구하는 상황에서 스토리의 일관성은 필수적이며, 이는 또 창작자들의 몫으로 남겨두는 것이 현명한 비즈니스적 판단이기 때문이다.

　　영화문법을 충실히 따라 영화 속 이야기가 현실처럼 보이게 만든 한국 영화가 한국이 처해 있는 정치, 경제, 사회적 상황을 고스란히 닮아 있다는 점은 놀랄 만한 일이 아니다. 따라서 영화가 한국 사회의 여러 갈등 지점과 이를 환상적으로나마 해소하는 내용으로 시대를 반영하는 것은 매우 자연스런 현상이다. 그러나 놀라운 일은, 한국 영화가 상업적 흥행을 위해 위악적으로나마 대중의 편에서 정의와 자유를 제시하는 것에 더해, 이와는 반대로 지배적 감정을 생산해 새로운 이데올로기를 내포한 매우 적극적인 감정 구조를 구축할 수도 있다는 점이다.

할리우드와 달리, 한국 영화는 이데올로기를 떠나 순순한 에너지로서 감성 생산에 주력하기보다 스토리를 통한 진한 감성이 시대적 요구와 접합해 격한 감정을 생산하고 있다는 말이다.[*] 영화적 감성은 진보와 보수 구분 없이 접합 가능한 개념인 것이다.

한국 영화가 정치적 기류에 따라 영화의 내용이 달라질 수 있음을 보여주는 좋은 예는 가족을 다루는 방식에서 찾아볼 수 있다. 김대중과 노무현 정부 10년 동안 경제적 불안정은 가족이 가부장을 중심으로 구축된 사회구성체임을 신랄하게 비판하는 영화가 주로 만들어졌다. 영화 〈해피엔드〉나 〈바람난 가족〉 등에서 목격할 수 있는 가정의 모습은 우리가 보편적으로 떠올릴 수 있는 그런 전통적인 가족관계 대신 젠더 역할의 전도轉倒나 가정이 해체되는 과정이 전경화된 이미지들이었다. 그러나 이명박 정부가 들어선 이래 한국 영화는 가정의 붕괴보다 가족의 화해와 화합이 주된 영화 주제로 자리 잡게 된다. 이 과정에서 등장하는 모성애와 부성애의 문제는 전통적인 가정과 가족이, 그 연장선상에서 국가의 근간 자체를 유지하는 데 필요한 조건임을 상기시키고 있다.

● 로런스 그로스버그(Lawrence Grossberg)는 질 들뢰즈(Gilles Deleuze)를 차용해 감성 (affect)을 양적 개념 혹은 느낌의 강도(intensity of feeling)로 제시하고 있으며 감성과 이데올로기가 결합·충돌하게 되면 특별한 감정(emotion)이 생산된다고 주장한다. Lawrence Grossberg, 「Mapping Popular Culture」, 『We gotta Get Out of This Place: Popular Conservation and Postmodern Culture』(Routledge, 1992), pp.69~87. 이에 관한 자세한 논의는 조흡, 「포스트헤게모니 문화이론을 위한 '감정구조'와 '감성경제'의 비판적 분석」, 『영상예술연구』, 제14호(2009) 참조.

영화 〈국제시장〉이 바로 그렇다. 1950년 6 · 25 전쟁으로 시작해서 1960년대 서독 광부와 간호사 파견, 1980년대 이산가족 찾기라는 한국 현대사의 주요 사건들을 관통하면서 그 역사의 주인공이자 한 가족의 수장인 덕수 일가가 전개하는 이야기의 핵심은 주인공이 장남으로서 의무와 책임을 다한 결과 가정을 유지할 수 있었다는 내용이다. 그러나 문제는 한국 현대사를 사건 중심으로 조감하는 과정에서 애써 전달하려는 가치가 가부장적 봉건 도덕으로 무장한 전통적 윤리규범의 중요성을 강조하고 있다는 점이다. 1960~1970년대를 풍미했던 '충효사상'과 '희생정신'의 데자뷰인 것이다. 세상이 바뀐 지금의 시점에서 과거의 상식체계와 시대적 상황에서나 가능했던 가족 지상주의를 시공을 초월한 절대적 가치로 제시하고 있다는 점이 문제다.

이 영화가 특별한 것은 컴퓨터 그래픽을 이용한 정교한 리얼리즘 묘사를 통해 관객으로 하여금 텍스트에 빨려들어가도록 만들고 있다는 점이다. 디지털 기술로 완성한 흥남부두에서 미군 함정을 가득 채운 피난민의 모습이나 서독 광산에서 일어난 갱도폭발 장면, KBS 앞마당에 인산인해를 이룬 이산가

영화 〈국제시장〉은 한국 현대사를 조감하는 과정에서
가부장적 봉건 도덕으로 무장한 전통적 윤리규범의 중요성을 강조하고 있다는 점에서
1960~1970년대를 풍미했던 '충효사상'과 '희생정신'의 데자뷰다.

족들의 이미지는 영화를 실제 사건에 최대한 가깝게 묘사하기 위한 것이고, 이렇게 정교한 형식적 재현을 목격한 관객은 한 편의 영화가 아니라 이제 역사적 사실로 기억하게 되는 것이다. 그 시대를 경험하지 못한 세대에게 오늘날 한국 사회가 누리고 있는 '풍요'로운 삶은 아버지 세대의 희생을 바탕으로 가능한 것이었다는 메타담론, 즉 무언의 메시지 또한 당연한 결과로 수용되어야 하는 것이다. 디지털 기술이 감성보다는 이데올로기 영역인 감정구축에 동원된 사례인 것이다.

영화 〈국제시장〉처럼 한국 영화에서 컴퓨터 그래픽은 리얼리티를 보완하기 위한 보조적 장치로 사용하는 경우가 대부분이다. 우주를 나르는 비행선이나 도시가 갑자기 해일에 휩쓸리는 자연 재해 또는 로봇이나 외계인으로 합성된 이미지와 같이 스펙터클한 장면과 강도 높은 액션을 연출하는 장면을 위해 디지털 기술을 동원하기보다 이야기를 보완함으로써 리얼리티를 더 잘 살릴 수 있다고 판단되어 합성 이미지를 사용한 것에 불과한 경우가 대부분인 것이다. 한국 영화는 첨단 디지털 기술을 적극적으로 이용하면서도 제작 과정에서 아날로그에서 디지털로 급진적인 단절을 꾀하는 것이 아니라 디지털 기술의 장점을 부분적으로 수용하는 것이 특징이라고 할 수 있다. 그 결과 한국 영화가 할리우드의 스타일을 차용하면서도 내용적으로 차별화를 시도하고 있는 것이다.

이렇게 보면 결국 한국 영화나 할리우드 영화 모두 시대적 감성을 과도하게 산출하는 매체로서 작동함을 알 수 있다. 그러나 그 작동 방법에는 커다란 차이를 드러낸다. 한국 영화가 일관된 서사가 바탕이 된 이야기로서 사회적 징후를 나타내는 지표, 즉 감정 구조를 제시하고 있다면, 일부 할리우드 블록버스터는 그 재현 과정을 생략하고, 따라서 인식 과정을 대신한 신체의 직접적인 반응을 유도함으로써 고조된 에너지로서의 감성이 자유자재로 관객을 통제할 수 있는 가능성을 제시한 것으로 볼 수 있을 것이다. 그렇다면 한국 영화와 할리우드 블록버스터의 차이는 인식과 감성의 차이라고 할 수 있으며, 할리우드 영화가 극대화된 감성 생산만으로 경제적 목표를 달성할 수 있다면, 한국 영화는 지배 또는 반지배적 이데올로기가 내포된 이야기가 흥행을 좌우하는 것이다.

이 차이는 또 다른 방향에서 해석이 가능하다. 모든 미디어가 현실을 반영하면서 동시에 그 현실 자체를 구축하는 양면적 속성이 존재하듯이 영화 또한 세상을 투영할 뿐만 아니라, 새로운 세상을 제시하기도 한다. 그러나 할리우드 영화가 포스트포디즘 디지털 경제체제가 필요한 감성을 적극적으로 구축하는 모습이 강하게 드러나 있는 반면, 한국 영화는 여전히 현실을 반영해 이를 비판하기도 하고, 반대로 옹호하기도 하는 의미와 이데올로기적 기능에 충실한 편이다. 오늘날 영화를 포함한 오락이 세계경제의 핵심 산업 중 일부라는 점에서 포스트포디즘 체제에 필요한 감성을 적극적으로 구축하고 있는 것과 비교하면, 한국 영화는 마치 한국 경제가 제조와 창조산업의 틈새에서 헤어나지 못하고 모호한 상태에 놓여 있는 것과 마찬가지로 감성과 의미 사이에서 불확실하게 존재하고 있는 것이다.

감성과 문화정치의 가능성

그러나 이 모호성이 부정적일 수만은 없다. 감성과 의미 중 어느 하나를 선택해 강조하기보다 양쪽 모두를 겸비할 수 있는 장점으로 활용할 수도 있기 때문이다. 흔히 말하는 '잡종'의 개념도 두 가지 속성을 모호하게 드러냈을 때 이를 부정적으로 폄훼할 수도 있지만, 지극히 긍정적인 개념으로 사용할 수도 있는 것이다. 한국 영화의 모호성은 오히려 '차이'를 드러내는 경쟁력으로 동원할 수도 있다는 말이다. 이는 한국 영화가 할리우드 블록버스터와 같은 수준의 지각 실험을 기대하기는 어렵지만, 예산의 한계 내에서 최대한의 강도로 감성 효과를 거둘 수 있는 영화 제작을 포기하지 않을 것이기 때문이다. 〈추격자〉, 〈도가니〉, 〈베테랑〉, 〈내부자들〉 등이 좋은 예다. 이 모든 영화가 감성에 의미화를 더했기 때문에 관객들의 지지를 받을 수 있었던 것이다.

바로 이런 이유에서 한국 영화는 할리우드 블록버스터와 달리 영화를 통해 당대의 일상적 삶의 질을 감지할 수 있는 감정 구조를 담아내는 공론장 역할을 충실히 수행하고 있는 것이다. 이 영화들이 제시하는 국면적 정서 또는 시대적 감정 구조는 광기와 불안과 공분이 뒤섞인 불확실성인 것이다. 사이코패스의 광기에 불안해하고, 공권력의 무능과 가진 자의 횡포에 분노하며 마침내 복수를 꿈꿔볼 수 있게 만들지만, 결국 마지막 결말은 아무것도 보장할 수 없는 불확실성이다. 그래도 영화는 여전히 선악과 정의 대 불의의 명확한 대비를 통해 사회

조흡

적으로 바람직한 가치가 무엇인지를 설파한다. 다시 말해, 이 사회가 반드시 쟁취해야 할 가치 있는 당위로 제시하고 있는 것이다. 이는 영화를 통해 생산된 격한 감성이 사회적 문제와 접합해 감정의 영역으로 제시되고 있는 모습인 것이다.

이는 또한 포스트모더니즘 공간이 인지 불가능한 영역이어서 오로지 몸으로만 느낄 수 있는 개념이며, 따라서 의미가 거세되었다고 주장하는 서구 감성이론과는 확연한 차이를 보이는 지점이다. 비록 서구와 한국 두 공간에서 감지되는 '불확실성'의 감성이 결과적으로 공유될 수 있다 해도 여기에 도달하기까지 그 매개적 조건, 즉 사회적 맥락의 차이가 분명 존재하는 것이다. 흥분지수의 극대화를 추구하는 할리우드 블록버스터와 달리, 한국 영화는 텍스트를 통해 재벌의 행태를 감지할 수 있게 하고, 현실정치의 실상을 폭로하며, 텔레비전의 시사프로그램도 실패한 사건을 공론화할 수 있을 정도로 이 시대를 관통하는 시대적 느낌을 파악 가능하게 만들고 있는 것이다. 한국 영화에서는 할리우드 영화에서 생략하고 있는 서사, 재현, 의미, 이데올로기가 여전히 중요하게 작동되고 있는 것이다.

이는 전통적인 18세기적 개념의 문학이나 언론을 통한 공론장, 즉 합리적 이성을 과도하게 요구하고 있는 위르겐 하버마스Jürgen Habermas의 공론장 개념과는 성격이 다르다.[*] 이제 공론장은 한국 영화에서 볼 수 있는 것처럼 합리적 이성만으로가 아니라 감정의 영역을 포함한 것으로 도저히 믿을 수 없는 사실을 기꺼이 공감하면서 대리 경험한 쾌락과 고통을 교환하는 장으로 공론장을 재정의하고 있는 것이다. 이야기에 감성이 곁들여진 한국 영화는 일종의 감성 커뮤니케이션으로서 대중으로 하여금 자신이 처해 있는 생활세계에 대해 성찰적으로 숙고할 수 있게 하며 일상생활의 지형에서 자신의 통제를 벗어난 것으로 여겨지는 시스템과 어떻게 협상할지를 알려주고 있는 것이다.[**] 한국 영화가 제시한 공론장은, 따라서 인지와 느낌, 인식과 감성의 대립 쌍에서 두 개념 모두를 아우르는 개념인 것이다.[***]

바로 이 대목에서 내가 오랫동안 품고 있던 초월적 감성 너머에 무엇이 존재하는지의 문제, 즉 음악을 포함해서 텔레비전 드라마, 영화, 스포츠와 같은 문화소비를 통한 감성 생산이 어떻게 문화정치와 접합될 수 있을 것인지의 문제를 접근 가능

[*] 위르겐 하버마스, 한승완 옮김, 『공론장의 구조변동』(나남출판, 2001).

[**] Jim McGuigan, 「The Cultural Public Sphere」, 『European Journal of Cultural Studies』 8. 4, 2005, pp. 427~443.

[***] 영화가 갖는 감성 커뮤니케이션으로서의 공론장에 관한 논의는 조흡 · 오승현, 「문화적 공론장으로서 〈도가니〉: 인식론적 커뮤니케이션에서 감성 커뮤니케이션으로」, 『문학과영상』, 제13권 제4호(2012) 참조.

한 것으로 만들고 있다. 내가 생각하는 잠정적인 결론은 이렇다. 롤랑 바르트의 주장대로 텍스트가 문화수용자들에게 쾌락 또는 해방감을 선사하는 것은 분명하고 수용자 또한 이를 위해 텍스트를 선택한다. 그것이 그 무엇이든-더스티 스프링필드의 끈적한 목소리, 〈응답하라〉 시리즈의 구구절절한 이야기, 〈내부자들〉의 통쾌한 복수, 김연아의 환상적 퍼포먼스 등-상관없이 대중은 텍스트에서 자주 현실을 초월한 감성의 솟구침을 경험하는 것이다. 때로는 판타지와 유토피아로 또 경우에 따라서는 스펙터클로 이를 접하기도 한다.

문제는 대부분의 이론이 이 단계에서 설명을 멈춘다는 점이다. 바르트의 주이상스 이론이 그렇고 장 보드리야르Jean Baudrillard의 '내파' 이론이 그렇다. 의미가 내파되어 더는 그것이 이데올로기를 강요할 수 없는 무의미, 즉 해방의 순간임을 이야기하고 있을 뿐이다. 그러나 문화체험의 과정에서 생산된 고조된 감성이 어떻게 사회적인 것과 접합하느냐의 문제는 생략되어 있어 이 경험을 문화정치로 활용하는 데 한계가 있다. 여기서 중요한 점은 나 자신이 통제된 상태로서가 아니라 능동적으로 생산한 이 해방감이 나 자신의 이익과 쾌락을 우선적으로 살피는 자신의 정체성과 사회적 관계를 유지하는 데 결정적인 역할을 한다는 것이다. 따라서 나만이 알 수 있는 감성의 고조나 열정, 통제 불능의 상태와 같은 체화된 내 몸 내부의 경험은 시작의 단계일 뿐, 그것은 또 다른 사회적 관계, 즉 외부세계로 진입하기 위한 '마디 점nodal point'을 촉발하는 것으로 이해해야 하는 것이다.•

　이를 부연해서 설명하자면, 자유로운 감성과 해방감은 초월적이고 존재론적인 의미로만 그치는 것이 아니라 항상 현실적인 문제와 재접합되어 새로운 비판과 성찰을 가능케 만드는 것이다. 발터 베냐민Walter Benjamin은 이 맥락에서 기호적 언어가 권력적·인식론적이지만 이에 저항하고 비판하는 언어는 형이상학적이고 신비주의적이며 존재론적 영역이라고 주장한다.•• 이는 불법은 아니지만 예외적인 존재로 남아 있으면서 표준화하고 정상화하는 권력과 대비되는 조르조 아감벤Giorgio Agamben의 '호모 사케르'의 언어와 일맥상통하는 개념일 뿐만 아니라,••• 슬라보이 지제크Slavoj Žižek가 인지적 판단을 통해서는 전혀 알 수 없는 세계인 자크 라캉Jaques Lacan의 실재계를 투쟁의 장으로 재설정한 개념과 유사한 것이다.•••• 한마디로 초

• John Fiske, 「Sorting Spectacles: The Body Visible」, 『Power Plays Power Works』(New York: Verso, 1993), pp.81~93.
•• Walter Bejamin, 「On Language as Such and on the Language of Man」, 『Selected Writings Vol. 1』(Cambridge: Harvard Univ. Press, 1996), pp.62~74.
••• 조르조 아감벤, 박진우 옮김, 『호모 사케르: 주권 권력과 벌거벗은 생명』(새물결, 2008).
•••• Slavoj Žižek, 「Concesso non Dato」 in Boucher, Geoff and Others, eds. 『Traversing the Fantasy: Critical Responses to Slavoj Zizek』(Ashgate, 2005), pp.219~255.

월적이고 존재론적 영역의 속성인 감성은 이미 비판과 저항이 내재되어 있음을 의미하는 것이다.

예를 들어보자. 영화 〈변호인〉은 고故 노무현 대통령을 모델로 삼아 제작한 것으로 현직 대통령이 우호적인 언론에서 일방적인 미화의 대상이 되고 있는 현실에 맞서 일종의 저항담론으로 제시하고 있음을 누구라도 쉽게 알 수 있는 텍스트다. 그러나 1,000만 명 넘는 관객이 이 영화에 감동했다고 해서, 과연 이 영화가 의도한 정치적 목적을 달성했다고 이야기할 수 있을지는 의문이다. 여기서 관객의 변수를 고려하면, 그들이 각자 처해 있는 물질적 조건이 다름으로 인해서 설령 똑같은 영화를 감상했다 해도 이에 대한 다양한 해석의 가능성을 기대해볼 수 있을 것이다. 따라서 영화가 제시하는 민주와 정의라는 거대담론의 의미가 모든 관객에게 동일하게 수용되는 대신 관객의 상황에 따라 가정폭력이나 직장 내 억압 또는 비민주적인 가부장을 성토하는 국지적 문제로 재해석될 가능성이 높은 것이다.

이는 영화에서 제시하는 드라마틱한 이야기가 일차적으로 관객의 감성을 자극해 고조시키고 그 체화된 강렬한 감성적

영화 〈변호인〉은 노무현 대통령을 모델로 삼아 제작한 것인데,
1,000만 명 넘는 관객이 이 영화에 감동했다고 해서
의도한 정치적 목적을 달성했다고 이야기할 수 있을지는 의문이다.

에너지는 영화가 제시하는 보편적 가치를 관객 자신의 세계에 접합시켜 일상의 삶을 반추해보는 계기를 제공함으로써 의미가 구체화·맥락화되는 과정에서 나타나는 결과인 것이다. 이렇듯 관객은 텔레비전 드라마나 영화 속에서 생산하는 감성적 자극이 얼마나 자신들의 일상의 삶에 부합되고 유용한지를 일차적으로 고려하는 매우 이기적인 의미생산자인 것이다. 이 과정에서 감성과 비판 또는 성찰과의 접합이 항상 저항적 실천을 보장하는 것은 아니지만, 새로운 감성을 경험하기 이전과 비교해서 최소한 사회적으로 유의미한 기회를 제시하고 있는 것은 분명하다. 영화를 통해 생산된 고조된 감성이 오로지 존재론적 차원에서 초월적으로만 머물러 있기는 어려운 것이다.

그러나 한 가지 우리가 경계해야 할 점은 감성적 상상력과 이성적 논쟁이 혼재된 이 감성 커뮤니케이션이 모든 경우에 긍정적인 결과를 보장할 수는 없다는 사실이다. 〈국제시장〉의 예에서 살폈듯이 과거가 신파로 버무려져 지나치게 감상적일 경우 사회적 기억 역시 부분적일 수밖에 없으며 과거의 그늘을 포함한 전체를 전달하기보다 가장 공유하기 쉬운 사건들을 선별해 가장 감상적인 방식으로 제시하는 것은 결국 소수를 대변하는 것과 다름없는 일이기 때문이다. 감성이 지배와 반지배적 담론과 구분 없이 접합 가능한 개념이라는 사실을 상기하면, 디지털 기술로 감성 생산이 용이해진 현재의 상황에서 우리는 이 국면을 이미 어느 한쪽의 가치를 지향한 것으로 규정할 필요가 없는 것이다. 그 최종적인 모습은 오로지 정치적 실천이 결정할 사항인 것이다.

한국 영화가 할리우드와 다른 방식으로 감성 생산에 주력하지만 드물게나마 서사보다 이미지를 통한 감성의 극대화를 추구하는 상황에서 감성과 문화정치의 관계를 규명하는 것이 그렇게 쉬운 문제가 아니다. 다만 발터 베냐민의 기술에 관한 철학적 성찰이 이 과정에서 유용하게 적용될 수 있을 것이다. 그는 기술의 변화가 우선적으로 양적 변화를 생산하고 표현하며, 이어서 대중들의 지각과 경험, 세상에서 존재감을 바꿔놓은 질적 변화까지 초래한다고 주장한다. 영화의 경우 발터 베냐민은 영화기술이 '쇼크 효과'라는 지각적 경험의 변화를 가져왔으며, 이때 그 쇼크가 유도하는 것이 고도의 주목이라는 것이다.[•] 이는 오늘날 상품경제가 유지되기 위한 필수적 요소이자, 동시에 사회적으로 중요한 이슈에 주목하게 만들 수 있

• Walter Benjamin, 『Illuminations』(New York: Schocken Books, 1969), pp. 225~238.

는 반反헤게모니 프로젝트의 자원이기도 한 것이다.

내가 한국 영화에서 지각적 경험의 중요성에 주목하는 것은 여전히 이야기의 효용성이 소멸되지 않았다는 사실을 인정한다 해도 새로운 감각과 지각적 자극이 서사의 짜임새에 비해 다소 기울게 드러나기 때문이다. 다가오는 미래가 감당하기 어려울 정도로 감성으로 넘쳐나는 세상이 될 것이 분명하다면, 이를 미리 대비할 목적으로라도 고양된 감성에 노출되는 훈련이 필요한 것이다. 그러나 이보다 절실한 것은 서사와 의미를 통한 인식의 변화를 기대하는 것도 중요하지만, 새로운 지각적 경험을 통한 고조된 감성이 변화를 촉구하는 행동과 이어질 수 있는 가능성을 기대하기 때문이다. 물론, 감성이 포스트포디즘 경제에 필요한 가치와 접합할 가능성이 높지만, 그런 위험의 한계 내에서도 저항의 가능성을 모색해볼 수 있게 하는 일종의 자원으로 삼을 수 있다는 희망을 포기할 수는 없는 것이다.

지극히 추상적인 이 이야기는 현재 한국을 포함해서 지구촌 곳곳에서 벌어지고 있는 선거판을 생각해보면 더 현실적인 문제로 다가온다. 사회적 맥락에 따라 독재와 민주, 통제와 자유, 착취와 상생을 선택하는 중대한 갈림길에서 대중은 정치를 외면하는 악순환이 되풀이되고 있다. 이는 그들 자신이 공식정치의 장에서 멀어져 있어 아무런 변화도 기대할 수 없으며, 따라서 분노하는 것조차도 감정의 낭비라고 생각하기 때문이다. 그러나 고조된 감성에서 분노의 감정으로 진입하는 '마디 점'을 넘어서면 분노가 변화의 원동력이 될 수도 있다. 격하게 생산된 감성적 에너지가 변화를 촉구하는 정치와 접합이 가능하다는 이야기다. 그렇다면 무엇이 그들을 행동하게 만들 수 있을 것인가? 한마디로 감성(지각적 자극)과 인식(의미)이 균형을 이루었을 때 비로소 실천까지 기대해볼 수 있는 것이 아닐까?

제**4**장

문화연구자의 미디어 운동 분투기

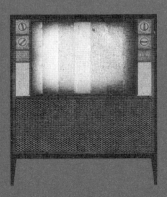

문화연구자의
미디어 운동 분투기

원용진
서강대학교 커뮤니케이션학부 교수

이론과 실천, 그 사이

언론학계 내 '문화 연구' 분야는 '메타 연구'가 빈번한 곳
이다. '문화 연구'가 지향할 바, 그것의 인식론의 정체, 그리고
적절한 방법론에 대해 제법 길게 토론해왔다. '제발 메타 연구
좀 그만하고 본격적인 연구 한 번 해보라'는 힐난 섞인 주문을
주변에서 해댈 정도다. '문화 연구' 안 구성원으로 정체성을 밝

히는 나는 그런 푸념과는 다른 생각을 갖고 있다. 비교적 신생 분야인 '문화 연구'에선 이런 직업이 더 환영받아야 한다. 아직 신생 영역에 있는 연구자들이 자신이 행하는 연구의 목적론, 존재론, 인식론, 방법론을 정리함은 지극히 당연한 일이다. 또 그간의 작업은 유익했다. 전적으로 메타 연구 덕분이라고 말하긴 어렵겠지만, '문화 연구'로 자신을 자리매김하는 연구자들은 별 다른 메타 연구없이 조용했던 영역에 비해 대체로 수준 높은 연구를 수행해왔다.

그뿐만 아니라 문화연구자는 각자 자신이 선 자리에서 좋은 교육자로서의 평판을 유지하고 있다. '메타 연구'가 지루했지만 약이 되는 과정이었고, 연구자들을 단련시켜주는 길이었다. '메타 연구'를 당장 그만둘 것이 아니라 오히려 한층 더 수준 높은 '메타 연구'를 생산하는 밀어붙이기가 필요하다. 예를 들어보자. '문화 연구'의 방법론 분야는 아직 손을 더 타야 할 영역이다. 지금 벌이고 있는 연구 방법이 적절한가, 기존 커뮤니케이션 연구에서의 방법과는 어떻게 차별화할 것인가 등은 더 고민되어야 할 영역이다. 더 적합한 방법론을 개발해 문화 연구를 더 발전시킬 일이다. 이처럼 문화 연구는 이러저러하게 소란스럽게 자신을 성찰한다며 법석을 떨어왔다. 그리고 자신들의 정체성을 형성하고, 지금은 느슨하게나마 진영a camp을 꾸리고 있다.

'문화 연구'의 자기 성찰적 '메타 연구'를 촉발한 데는 나의 논문이 일조를 했다. 한국언론학의 현재와 미래를 토론하는 '2001년 한국언론학 대회'에서 나는 '문화 연구'의 정체성을 묻는 의제를 던졌다. 그 글에서 사회변혁 운동의 참여를 '문화 연구'의 목적으로 제안했다.● 한국 자본주의 사회의 변혁 특히 대중의식, 대중 생활의 변혁에 기여할 가능성을 문화연구자가 모색하자는 제안이었다. 당시 '문화 연구'를 수정주의적 수용자 연구로 치환해 비판하던 경향에 대한 불만을 토로하며, '문화 연구'가 왜 시작되었는지를 비판적으로 회고해보자는 권유였다. '문화 연구'가 기능주의적 실증주의 연구 전통과 유사하게 외국 이론의 검증, 혹은 수정을 목표로 삼으며 아카데미에서 안주한 것은 아닌지를 물었다. 특히 대중문화 수용자의 능동성을 찾고자 동분서주하는 수용자 중심의 문화 연구에 그런 혐의를 전하며 비판했다.●● 그러면서 '문화 연구'가 아카데미 너머를 바라보고, 그곳에서 학문적 성패 여부를 찾자고 역설했다.

● 원용진, 「문화 연구의 피 번역성 위반과 술이부작(述而不作)」, 한국언론학대회 발표문(2001).
●● 이때 많은 연구가 나의 유학시절 지도교수였던 존 피스크(John Fiske)의 생각에 기반하고 있었다. 나는 유학 시절에도 그랬지만 그 이후에도 지도교수와는 전혀 다른 '문화 연구'를 꾀하려 했다. 지도교수는 나의 그런 행보에 언제나 동의하며 격려해주었다.

왜 나의 '문화 연구'에는 운동, 참여, 변혁 등과 같은 그림 자가 따라다닐까? 학부생일 때의 경험이 학문 활동과 연관되어 있었던 것은 아니다. '문화 연구'를 내 주전공으로 삼고 공부할 때 나는 비판적 학문을 공부하던 일군의 동료 유학생과 함께 단체를 만들어 한국 사회를 연구하고 직접 한국 내 사회 운동 조직과 연계하는 일을 벌인 바 있다. 아직 그 조직이 지금까지 지속되고 있는지는 모르겠다. 기억해보면 조직명은 위스콘신대학 한국 유학생 '인문사회협의회'였고 줄여 '인사협'이라 불렸다. 한 달에 한 번 『우리들의 시각』이라는 기관지를 발행했다. 이 책의 공동저자인 강준만, 조흡 교수는 그때 유학생들 사이에서도 그 기관지를 통해 필력을 과시했다. 한국 사회 내 진보적 운동 조직과 협조하고, 그들에게서 배우겠다는 그런 취지에서 만든 조직이었다.

지금은 대학에서 교편을 잡고 여전히 왕성하게 사회활동을 하고 있는 강정구, 조돈문, 이내영, 여홍상, 전규찬, 김균, 신광현, 김동환, 김정오, 박길성 등이 조직에 이름을 올렸다. 서로 다른 분야를 전공하고 있었지만 비판의식을 공유하며 상호 격려했다. 때론 스터디, 다른 때는 집회, 모금을 벌이며 한국 사회

원용진

의 변화에 손을 놓지 않았다. 간혹 한국에서 정보 기관원들이 와서 윽박지르기도 하고, 회유하기도 했던 기억도 있다. 왕성하게 공부할 즈음해서 얻었던-비록 유학생들 사이에서 벌인 작은 활동이었지만-경험은 공부와 운동을 한데 버무릴 것을 배운 중요한 계기였다.

또 다른 배경이 있다. 나는 1998년 시민사회 운동에 본격적으로 발을 디뎠다. 물론 그전에도 다양한 활동이 있었지만 직접 조직을 만들고, 조직적 활동을 시작한 것은 이때가 처음이었다. 앞서 언급했던 선언적 논문을 발표하기에 약간 앞서서 나는 '문화개혁을 위한 시민연대'*라는 긴 이름의 문화운동 단체 설립에 힘을 보탰다. 동인지 성격의 진보적 문화이론지『문화/과학』편집인이 중심이 되어 만든 조직이었다. 문화 이론에 관심을 가지며 이론/실천의 이분법적 도식에 불만을 느껴 왔던 연구자, 운동가가 한데 모여 벌인 일이었다. 기존의 문화운동이 전통적 장르 중심이고, 예술인 중심이었던 것을 넘어서자며 새로운 조직을 만들었다.**

대중의 일상, 대중문화, 비장르적 영역 등과 같이 기존의 문예 운동이 놓친 부분을 지적하며 대중운동의 기치를 내걸었

---

* 이 단체의 이름은 이후 '참여연대' 조희연의 제안으로 '문화연대'로 명칭을 바꾼다.
** '민예총'이 문화운동을 주도하고 있었지만 예술이 중심, 전통적 장르 중심의 운동을 펴고 있었다. '문화 연구'가 문화의 개념을 교정·확장시켜 나갔듯이 새로운 문화운동의 대상을 찾고자 했다.

다. 참여자가 대부분 이론가들이었던 탓에 이론에 입각해 운동 대상의 폭을 넓혀 잡았고, 운동의 전략과 전술을 이론적으로 펴냈다. 『문화/과학』을 통해서 제출했던 '문화공학'의 개념을 실천하고자 시도하기도 했다. 그러니까 유학 이후 『문화/과학』 동인 활동을 통해 이론과 실천의 접점을 찾는 연구를 행했고, 이후 운동 단체의 설립을 통해 대중과 함께하는 작업을 꾀하고자 했다.

이상의 경험 탓에 나의 '문화 연구'가 운동과 관련되고, 이론과 운동의 접합을 모색하는 내용을 담게 되었다. 동료 문화연구자들이 이런 나의 행보에 대해 얼마나 많은 동의를 하고 있는지 확인할 길은 없다. 내 행보나 제안이 도발적이어서 불편한 연구자도 있을 거라는 생각은 늘 해왔다. 다만 아카데미아에 머물지 않고, 다양한 사회 참여를 해야 함을 인정해주는 것을 넘어 동참해주기까지 한 동료가 많았던 것으로 미뤄 나를 천둥벌거숭이로 여기진 않는구나 하는 위로를 해왔다. 나와는 다른 방식과 방향의 '문화 연구'를 한다는 이유로 그를 배제하거나 차별을 두는 횡포를 한 적은 없었다. 매년 언론학 내 문화연구자들이 모여 송년회를 같이 나누는 데도 적극적이었다. 주요 학회 내에 '문화 연구' 분과를 두고 끊이지 않고 분과 학술대회를 이어가며 학문공동체를 만드는 데도 열심히 참여했다. 나의 '문화 연구'가 더 발표되고, 토론되어 공론화되고, 다른 '문화 연구'와 경합되고, 평가되는 그런 일이 후일의 또 다른 '메타 연구'에서 벌어지기 바란다. 그래서 나는 아직 나의 '문화 연구'를 놓지 않고 그를 사회로 밀어넣어 평가받기를 기다리고 있다.

실천/이론의 이분법적 구분을 부정해왔던 터라 이론적 작업이 곧 실천으로 이어지도록 방향을 잡았다. 지금껏 출판한 서적이나 논문들도 그 방향에서 크게 벗어나지 않는다. 나의 실천과 운동의 방향성을 모색하기 위해 논문을 적었고, 때론 논문의 방향을 바꾸어가며 운동 방식을 비틀어보기도 했다. 이 분법적 구분이라기보다는 대화적 관계 속에 실천/이론을 위치시켰다. 예를 들어, 나의 저서 중 가장 널리 알려진 『대중문화의 패러다임』(1996)*은 대중문화를 새롭게 사유하고, 그를 통해 대중을 읽고, 대중이 문화 과정에 참여할 수 있는 가능성을 열고자 기획한 책이었다. 대중문화를 극복하는 전략 대신, 대중문화 속으로 들어가는 더 적극적 전략을 제시하고자 했다.

● 이 책은 2010년에 『새로운 대중문화의 패러다임』이란 책으로 완전 개정되어 출판된다.

이 책이 출간되자 대부분의 언론은 새로운 시각이라며 축하해주었다. 물론 서구의 포스트주의 시각을 그대로 가져왔다는 등의 부정적 평가도 있었다. 그러나 그 어느 평가도 내가 고민하고자 했던 부분을 정확하게 집어내진 못했다. 나는 대중을 더 알고 싶었고, 대중문화를 통해 그것을 알아낼 뿐 아니라 그들과 소통하고자 했다. 그러니까 그 책의 목적은 '대중 알기'였다. 그런 식으로 지속적으로 공부와 운동을 연결 짓고자 했다. 물론 그 의도를 충분히 살리지 못해 다른 이가 제대로 찾아내지 못하게 한 것은 전적으로 내 책임이지만.

공부와 학교 바깥 활동도 서로 대화적일 수밖에 없었다. 대중 알기를 자락으로 깔고, 그들과 함께하기, 그들에게 알려주기, 그들에게 참여하도록 독려하기를 거듭했다. 방송사의 가요순위 프로그램을 폐지할 것을 요청하는 운동을 '문화연대'에서 벌일 때 이야기를 해보자. 그 운동을 놓고 단순히 방송 프로그램을 손보려고 하는 가요 소비자 운동으로 규정해버리는 쪽이 있었다. 운동을 벌였던 우리는 더 큰 의도를 지니고 있었다.* 우리는 그 운동을 통해 팬덤fandom을 사회로 끌어내고자 했다. 그들을 사회운동의 주요 주체로 위치시키고 싶었다.

* 한국예술종합학교의 이동연 교수와 함께 이 운동을 벌였다. 이 운동을 기반으로 새로운 대중가요 시상식을 만드는 시도를 했고, 그 결과로 '한국대중음악상'이 탄생하게 된다.

원용진

성과가 없진 않았다. 팬덤의 사회활동 폭은 넓어졌고, 팬들 스스로 자신을 성찰하는 연구 도서를 출판해내는 일도 생겼다. 팬덤에서 출발해 연구자로 들어선 '아카팬'도 등장했다. 그 과정을 지켜보며 그들에게서 배웠고, 그들에 관한 기록을 남겼고, 그들과 미디어 생산자가 대화하도록 도왔다. 그 운동을 제대로 설명하기 위해 논문으로 그 활동을 정리해내기도 했다.* 이처럼 나의 연구자 활동 대부분은 연구와 운동, 이론과 실천 사이를 오간 것이거나 그 사이에 놓여 있었다.

젊은 시절 유학했던 곳에서 같은 전공을 공부하며 나누었던 우정을 기억하고 먼저 은퇴하는 이창근 교수를 축하하자며 만드는 책이지만, 나는 그동안 벌여온 학교 안팎에서의 활동을 정리하는 기획을 했다. 유학을 마치고 돌아온 1993년 이후의 활동을 정리해두자는 심산이었다. 그 기획이 우정의 기억과 축하와 얼마나 맞닿을지는 모르겠다. 다른 분들의 글과 비교해보면 같은 곳에서 공부를 하며 토론한 서로 다른 학자가 얼마나 닮았는지, 얼마나 다른지를 알릴 기회가 될 거라는 믿음은 있다. 하지만 막상 여러 기억을 끌어모아 글을 적으면서 많은 걱정이 앞섰다. 이를 모두 가독성 있게, 재미있게 엮을 수 있을까

---

* 김현정·원용진, 「팬덤, 진화 그리고 정체성: 서태지 팬클럽 문석을 중심으로」, 『한국언론학보』, 46권 2호(2002), 253~278쪽.

하는 걱정. 오히려 번잡스럽게 벌려놓고 제 자랑만 하며 출판 취지를 살리지도 못했다는 힐난을 들을까 하는 걱정. 그런 걱정을 다 껴안으며 학자·운동가 생활 23년을 정리해본다.

대중 탓에 생긴 갈등

문화 연구 공부에서 맨 앞줄에 서는 루이 알튀세르Louis Althusser를 처음 읽었을 때였다. 내 갈 길을 보게 되고, 내가 해야 할 일들이 무엇인지를 알게 되는 순간이었다. 과학을 익히고, 전하고, 실천할 모습에 흐뭇해하기까지 했다. 알튀세르를 비판하는 대목을 더 강조하는 '문화 연구'였지만, 나는 오랫동안 알튀세르에게서 벗어나지 못했다. 안토니오 그람시Antonio Gramsci를 읽을 때도 알튀세르는 또렷한 후경으로 작동했다. 포스트주의 사상을 접하고 익힐 때도 알튀세르가 나에게 미치는 영향력은 뚜렷했다. 수업시간에도 알튀세르를 강조해내고, 글을 적을 때도 그의 자본주의 재생산론을 놓지 않았다. 오랫동안 알튀세르를 극복하거나 떨쳐야 한다는 생각을 정면으로 해보지 못했다. 물론 그를 유연하게 받아들이고 있긴 했다. 하지

원용진

만 그를 잡고 있음으로 해서 생기는 불편함도 적지 않았다. 그를 부여잡음으로써 생기는 내상內傷이 있었음을 인지해왔다. 무엇보다도 그를 통해서는 대안을 찾지 못한다는 불편함이 있었다. 곧 대중을 정의하고, 운동 방식을 정하고, 이상적 사회를 설정하는 과정에서 생기는 불편함이었다. 그 불편함 탓에 속으로 끙끙대야 했고, 쉽게 드러내고 고백할 수 없는 내상으로 아팠다. 그래서 때론 그에게서 도망친다며 허둥댔지만 다시 그를 읽으며 어느 틈엔가 다시 맞장구치는 나의 모습을 보기를 반복했다.

1999년 5월 27일자 『한겨레』 기획기사 "주류에 도전한다"는 제법 큰 지면을 할애해 나의 미디어 교육 활동을 소개하고 있다. 「미디어와 함께 놀며 삶 속 문화 연구」를 행한다는 기사였다. 기사는 서울 시내 몇몇 교사와 함께 미디어 교육을 학습하며 청소년과 어떻게 대중매체의 내용을 함께 나눌 수 있을지를 토론하는 장면을 스케치했다. 사실 그 모임은 1993년 유학을 마치고 오자마자 시작된 프로젝트였다. 서울 시내 중등교사 중 미디어 관련 동아리 활동을 지도하는 교사를 중심으로 '미디어 가르치기' 학습 모임을 가졌다. 물론 나와 함께하기 이

전에도 그런 모임이 있었겠지만 나는 새로운 비전을 제시했고, 그게 몇몇 교사의 관심을 끌었던 모양이다. 나는 '문화 연구'의 태두였던 스튜어트 홀Stuart Hall이 패디 휘넬Paddy Whannel과 함께 한 학교 프로젝트에서 힌트를 얻어 그 모임을 만들었다.[*] 그 둘은 영국에서 대중문화가 학교와 교실로 들어와 학생들 사이에서 인기를 누리지만, 정작 그를 고민하는 교사가 많지 않다는 우려에서 그 프로젝트를 시작한다.

스튜어트 홀이 신좌파운동의 핵심적 인물이었음을 상기해보자. 홀은 신좌파운동의 이론적 지침 저널이던 『New Left Review』의 편집인을 역임했다. 그 창간호 머리말에서 청소년의 머리와 몸을 사로잡은 대중문화를 고민하지 않는 좌파를 꾸짖는다. 홀이 학교와 대중문화를 연결시켜 영국의 전국교사노조NUT에 메시지를 전달하려 한 것은 자연스러운 일이었다. 나와 함께했던 교사들은 전혀 다른 사유를 했을 수도 있지만, 적어도 나는 교사 모임을 통해 청소년들이 대중문화를 비판적으로 수용하도록 돕는 길을 모색하고자 했다. 스튜어트 홀이 했던 작업에서 배워 흉내낸 일이었다.

스튜어트 홀은 그런 이름을 내걸지 않았지만 한국에서는

● Stuart Hall · Paddy Whannell, 『The Popular Arts』(London: Hutchinson Educational, 1964).

원용진

한겨레 재보 문의 culture@mail.hani.co.kr　　　　　文化

팀원진 교수 (왼쪽에서 두번째)가 한 고등학교 선생님들과 대중문화의 수업 마당에 대한 지도를 주고받고 있다.　　곽윤섭 기자

미디어와 함께 놀며 삶속 문화 연구

③ 원용진 동국대 교수

원용진 교수 약력

서강대 신문방송학과 학사·석사, 미국 위스콘신대 신문방송학 박사, 동국대 신문방송학과 교수, 문화연대 미디어문화센터 소장, 한국방송학회 이사, 《대중문화의 패러다임》 《광고문화비평》 《한국언론민주화의 진단》 등.

나는 유학을 마치고 오자마자 서울 시내 중등교사 중
미디어 관련 동아리 활동을 지도하는 교사를 중심으로
'미디어 가르치기' 학습 모임을 가졌다.

내가 교사와 함께 벌인 그런 류의 프로젝트를 미디어 교육Media Education이라 불렀다. 한국에서 미디어 교육의 시원을 찾기란 그리 어려운 일은 아니다. 마침 내가 졸업한 서강대학교가 미디어 교육의 중심이 되어 오랫동안 사업을 벌여왔기 때문이다. 서강대학교 내 커뮤니케이션센터에서는 교회와 학교에서 미디어를 가르쳐야 한다며 사목 활동의 일환으로 1970년대 초부터 그 활동을 행하고 있었다. 미디어가 인간의 올바른 성장을 막는 사회적 문제로까지 변하고 있음을 인식하고 그에 대한 예방접종, 치료에 교회와 학교가 나서야 한다고 주장했다. 미디어를 주의해야 하고, 인간 성장에 유익한 내용을 담은 미디어를 선별해낼 수 있는 능력을 키우는 일의 필요성을 강조한 것이다.

미디어 교육은 미디어에 대한 교육to teach about mass media이며, 대중을 계몽하는 프로젝트였다. 미디어 교육 전문가들은 학교에서 정식 교과목으로 채택해 학생들이 미디어를 제대로 인식하고 활용할 줄 아는 미디어 능력media literacy을 갖추도록 해야 한다는 주장으로까지 이어갔다. 서강대학교 커뮤니케이션센터에서는 그런 취지하에 교사, 교회 내 청소년 교육 담당자들에게 설파·교육했다. 내가 해당 교사를 만나게 된 것도 커뮤니케이션센터를 통해서였다. 미디어 리터러시를 교육하다 만나게 된 인사들이었다. 서강대학교 커뮤니케이션센터 덕에 미디어 교육에 관심을 가질 수 있었고, 교사들을 만날 수 있긴 했지만 나는 센터가 지향하는 미디어 교육과는 사뭇 다른 방향을 취하며 교사들과 대화하고 싶었다.

나는 미디어를 가르쳐야 한다는 주장에다 계몽주의적 기획이라는 이름을 붙였다. 문화 연구의 전통 앞부분을 차지하던 초기 리비스주의자들처럼 세심하게 읽어내고, 가려내는 미디어 능력을 갖추길 제안한 것으로 규정했다. 그를 통해 얻는 결과는 좋은 미디어와 그를 선별할 수 있는 교양 있는 시민이다. 계몽주의적 미디어 교육은 궁극적으로 미디어를 교정하고, 교양 있는 시민을 양성하는 목표를 갖는다. 미디어를 모니터링하며, 비평하고, 미디어 수용자들에게는 그 내용을 교육시키며 미디어를 비판적으로 수용하기를 요청한다. 내가 꾀했던 미디어 교육은 이 같은 내용과 완전히 길을 달리하지는 않았지만 큰 간극을 지녔다. 알튀세르에 기댄 문화 연구부터 학문적 커리어를 시작했으니 당연히 미디어와 인간 발전, 건강한 시민의 양성을 연결 짓는 자유주의적 가치와는 거리가 있을 수밖에 없었다.

우선 나는 매스 미디어를 쉽게 교정될 수 있는 사회적 문제아로 보는 시각을 교정하고자 했다. 알튀세르가 주장했듯 이데올로기적 국가기구ISA로 매스 미디어를 이해해야 하며 그런 의미에서 매스 미디어는 정치경제학적 사유 안에서 풀어야 할 존재였다. 알튀세르적 패러다임 안에서 사유하자면 교양있는 시민의 양성이 아니라 새로운 주체를 형성할 조건을 갖추는 일이 미디어 관련 운동의 목표가 되어야 한다. 새로운 주체의 형성은 교육으로 쉽게 이루어질 일이라기보다는 주체 형성을 해내는 구조의 변화부터 가능해지기 때문이다. 그러므로 인본주의적 입장에 서서 미디어를 교육해 건강한 시민과 인간으로 성장하게 만든다는 기획은 오히려 비판의 대상이 될 뿐이라며 반대했다.

알튀세르에 맞춰 미디어 교육을 고민하다 보면 ISA에 더 관심이 가게 마련이고 주체를 바꾸는 일은 혁명적 전환으로만 가능해질 뿐이다. 알튀세르 방식으로 말하자면 과학을 통해 미디어를 과학적으로 인식하고, 그를 통해 변환을 위한 실천을 이끌어내야 한다. 대중은 과학 전파의 대상이 된다. 대중은 바꾸어야 할 주체다. 지금 텔레비전, 인터넷, 모바일폰으로 해내는 미디어 실천이 아니라 전혀 새로운 미디어 실천을 해내도록 전환되어야 할 존재다. 인본주의적 입장 혹은 앞서 지적한 자유주의적 입장과는 달리 알튀세르에 맞춘 미디어 교육은 주체 전환보다는 주체 전환의 '조건'에 더 관심이 많다. 주체 전환을 위한 조건을 만드는 일이 선행되어야 하고, 이후 주체 전환이 결과로 발생하게 된다.

내가 벌인 작업을 두고 내상이 생길 수밖에 없었다고 발언한 이유는 여기에 있다. 알튀세르가 대중을 과학의 대상이거나 조건의 결과로 파악하고 있다는 점에 주목해보자. 주체는 구조의 담지자bearers다. 구조를 바꾸면 주체 변환은 가능해진다. 자연스레 ISA에 대한 관심이 더 커질 수밖에 없다. 주체를 말하긴 하지만 주체는 여전히 결과일 뿐 구조를 앞설 수는 없다. 대중을 결과로 두면서 대중적 운동을 벌일 것을 주장하는 문화 연구에 몸담고 있는 것은 모순적인 일이다. 알튀세르에 머무는 일은 문화 연구가 신좌파의 흐름과 함께하면서 대중과 호흡하고, 대중에게서 배우고, 대중과 더불어야 한다며 내건 슬로건을 배반하는 일과 다름없다.

미디어 교육을 강연하며 교사들과 함께했지만 그에 대한 논문을 적거나 하진 못했다. 그를 운동의 영역으로 생각하긴 했지만 학문의 영역으로까지 상재하고 싶진 않았다. 그동안의 여러 글을 모아 미디어 교육 관련 서적을 출판하긴 했지만 그 것조차도 본격적이진 않았다. 2004년 『미디어 교육의 새로운 패러다임』이란 이름의 책을 출간했다.[*] 그 책의 결론 격으로 나는 새로운 미디어 교육의 방향을 제시했다. 미디어 교육의 새로운 목표로 '멀티플 리터러시' 습득으로 잡고, 구체적인 내용으로 3CCritical Decoding, Creative Encoding, Co-operative Classroom를 제안했다. 미디어 제도와 내용을 비판적으로 이해하고, 그를 넘어 스스로 미디어를 통해 자신을 표현할 수 있는 능력을 갖추되, 그 근저에 공동체 형성과 협력 조성이 있어야 함을 강조했다. 이 주장에는 알튀세르적 사유보다는 인본주의적 사유 혹은 비판적 주체 형성에 대한 열망이 더 많이 담겨 있다. 대중이 새로운 주체로 전환하고, 새로운 주체를 기반으로 구조를 변화시켜 가길 기대한 것이다. 알튀세르적 시각에서 보자면 물구나무를 선 격이다.

● 원용진 · 김양은 · 양철진 · 조준형, 『미디어 교육의 새로운 패러다임』(한국언론재단, 2004).

3C 중에서도 나는 특히 두 번째와 세 번째의 C를 강조했다. 미디어에 대한 비판적 독해나 이해의 강조는 오래전부터 시청자 단체, 미디어 운동 단체가 행해왔다. 이젠 그것을 넘어 더 적극적으로 참여하고, 그를 통해 공동체를 만들어가는 일이 소중해졌고, 미디어 운동과 미디어 교육이 그것을 담고 설파하기를 원했다. 미디어를 가르치는 일이기도 하지만 미디어와 함께하는 일이기도 했고, 미디어를 적극적으로 활용하는 일이었다. 사회 내 매스 미디어가 공론장 역할을 해내고, 그를 통해 새롭게 공론장과 생활세계를 만들어내기 위해서는 반드시 그런 과정이 필요하다고 보았다. 미디어 교육을 광의로 해석해 학교의 담을 넘음은 물론이고 거대한 문화운동의 형태로 이어가고자 했다. 미디어 교육을 정식 교과목으로 만들어야 한다든지 등의 제도화에 대해서는 큰 관심을 두지 않았다. 줄기차게 미디어 교육을 학교 안 정식과목으로 만들자고 주장하던 학자들과 갈라서는 가장 뚜렷한 지점이었다.

　　학교 내 커리큘럼이 되면 다시 이는 입시과목이 될 것이 뻔하다. 미디어 교육을 통한 사회변혁이 아니라 학교 내 교과목으로 진입하자는 주장에는 차마 동의하기가 어려웠다. 그뿐만 아니라 모든 사안을 미디어로 몰고가는 미디어 중심주의에 동의하기도 어려웠다. 미디어를 잘 아는 일이 목적이 아니라 궁극적인 목표를 사회 변화에 두어야 하고, 그 변화 과정에 미디어 교육이 기여할 바를 찾아야 한다는 생각을 했다. 미디어가 매개하지 않고서는 성립조차 되지 않는 매체 매개 사회 내에서 미디어를 학습하거나 고민하는 일은 필수적이고, 그를 활용해 새로운 공동체를 만들어가야 한다는 생각을 견지해갔다. 이후의 나의 미디어 운동도 그 기조에서 크게 벗어나지 않는다.

미디어 교육이 사회 내 운동으로서 절정을 이루던 때는 1990년대 중후반에서 2000년대 초반 사이로 기억한다. 이때는 학계에서뿐만 시민사회 내에서도 자발적 미디어 관련 단체들이 늘기 시작했다. 아이들에게 미칠 영향력을 걱정하는 주부들, 문화상품의 소비자로서의 수용자 역할을 강조하는 소비자 단체, 시민의 알 권리 침해 여부를 감시하는 인권 관련 단체, 경제 정보의 왜곡을 꼼꼼히 따지는 경제 관련 단체, 여성의 권익에 기여할 미디어를 만들겠다고 나선 여성단체, 장애인의 미디어 복지를 강조하는 장애인 단체 등등. 1992년 방송법 개정에 따라 민영방송과 케이블방송 사업이 시작되었고, 그에 맞추어 수용자 복지에 관한 조항들이 강화되었다.

　　방송사업을 꾀하던 측에서는 공익성 기여 점수를 높일 요량으로 수용자 복지와 지원을 약속했으니 수용자 단체가 늘어난 것은 당연한 귀결이었다. 수용자가 방송에 참여할 기회가 늘어났고, 지원을 받기에도 용이해졌으므로 자연스레 수용자 단체 조직으로 이어졌다. 그들 단체를 대상으로 하는 전문적 모니터링을 위한 교육도 빈번히 실시되었다. 미디어 관련 단체는 그들의 활동을 모니터링 교육이라고도 했고, 미디어 교육이라고도 명칭을 붙이기도 했다. 각 단체는 전문 활동가를 두고 지속적으로 미디어 교육을 행하면서 단체 활동을 해낼 인력을 양성했다. 내가 유학을 마치고 돌아온 해가 1993년이니 미디어 교육이 활성화될 때와 겹치면서 이곳저곳에 미디어 교육 강연을 다녔고, 그래서 발을 넓히고 교사 모임 등과도 조우했던 것으로 짐작된다.

　　그런데 미디어 교육을 이런 식으로만 정리해놓고 보면 잃는 정보량이 많다. 유학 당시 그 오지에 가까운 미국 위스콘신주의 매디슨까지 방문해 놀라운 영상을 틀어준 집단을 만난 적이 있었다. 1989년부터 본격적인 활동을 시작한 노동자뉴스제

작단(노뉴단)이 매디슨을 방문했고, 그들을 통해 놀라운 영상을 접했다. 당시 푸른영상의 김동원과 노뉴단의 김명준이 방문했던 것으로 기억한다. 노뉴단은 노동자 관련 뉴스를 만드는 것을 넘어 기성 미디어가 얼마나 반反노동적 모습을 지니는지도 교육하며 영상을 만들고 있었다. 노동자를 대상으로 미디어 교육을 폈다는 말이다. 그리고 노동자 스스로 뉴스를 제작할 수 있는 능력을 갖도록 돕기도 했다. 교육을 받은 후 노동자들은 뉴스 혹은 픽션을 만들어 노동자 공동체와 나누는 일을 했다. 물론 노뉴단은 대학 내 영상집단으로 시작했지만 점차 카메라를 든 노동자 집단의 형성으로까지 이어가는 모습을 보여주었다. 2000년대 초반 들어 노뉴단은 노동자 집단을 넘어 한국 사회 전반에 운동을 펴고자 변신을 하고, 그 결실로 서울영상미디어센터(미디액트)를 설립하게 된다. 여러 단체의 미디어 교육에다 의미를 부여하고 기억해두어야 하지만 특히 노뉴단의 활동을 빠뜨리면 미디어 교육, 미디어 운동의 여러 고리를 상실하게 된다. 이들이 이후 나의 미디어 운동에 미친 영향은 엄청났고, 그때 이후 지금까지 그들과 이론과 실천을 공유하고 있다.

알튀세르로 시작한 나의 문화 연구는 미디어 교육과 미디어 운동을 하면서 많은 이를 만나면서 바뀌어갔다. 물론 공부를 통해 얻은 전향의 기운도 부정하진 않는다. 하지만 한국 사회에서 학자이면서 운동가로 살면서 배운 지혜로만 치자면 알튀세르는 나에겐 짐이 되기에 충분했다. 2000년대 들어서면서 대중운동을 더욱 강조하고 대중 배우기라는 슬로건을 내건 것도 그런 경험 탓이었다.

　알튀세르의 조교 역할을 했지만 이후 그를 맹비난하며 전혀 새로운 좌파 이론을 폈던 자크 랑시에르Jacques Ranciere. 그의 저서 『무지한 스승』에서는 배우는 자와 가르치는 자의 구분을 무화시킨다.• 알튀세르가 지식인에게는 과학을, 대중에게는 이데올로기를 할당했던 것에 대한 반발이었다. 알튀세르는 지식인에게 과학 할 임무를, 대중은 이데올로기 안에서 살아가는 숙명을 구분해 전한 바 있다. 그로써 대중은 언제나 지식인의 과학을 전수받아 주체 전환을 해야 하는 존재가 된다. 부르조아적 삶을 영위하면서도 자신을 중산층이거나 서민이라 칭하며 중산층 신화와 이데올로기에 빠진 대중은 과학으로 구제되어야 한다. 대중매체, 학교, 교회, 가정을 통해 이데올로기가 확산되고 이어 맞추어 살아야 할 실천 규범이 되는 과정 안에 대

• 자크 랑시에르, 양창렬 옮김, 『무지한 스승』(궁리, 2008).

중은 놓여 있다. 대중은 곧 그 과정의 결과가 되고 만다. 랑시에르는 자본주의의 질곡에서 탈주할 실마리가 없는 자본주의 재생산 구조 논의를 알튀세르가 펼친다며 반발했다. 지식인과 대중, 과학과 이데올로기 등과 같은 이분법적 도식의 한계를 알튀세르가 고스란히 끌어안고 있다며 그를 지워갔다.

지식인의 도움으로 변환될 존재이거나, 현재 이데올로기 속에 푹 빠져 있는 존재로 파악된 대중 개념에 랑시에르는 반대한다. 배우는 자와 가르치는 자가 구분되지 않고 평등한 존재가 되어야 함을 강조한다. 만약 앞선 자와 뒤진 자라는 구분이 발생한다면 후자를 무지의 소산으로 판단할 일이 아니다. 오히려 무지가 아닌 의지 탓에 생긴 것으로 판단해야 한다고 주장한다. 배울 의지가 더 있는 자와 그렇지 않은 자의 차이일 뿐 더 지혜를 많이 가진 자와 그렇지 않은 자로 나뉘지 않는다는 것이다. 그렇다면 가르치는 자는 지식을 더 많이 전해주는 자 혹은 과학을 전해주는 자가 아니라 의지를 북돋아주는 존재가 되어야 한다. 『무지한 스승』은 가르치는 자와 배우는 자의 평등을 강조하고, 대중은 대상이 아니라는 점을 부각한다. 알튀세르부터 랑시에르로 가는 그 흐름에 나도 몸을 실었다. 물

원용진

론 대중을 만나며, 운동가를 만나면서 얻은 지혜가 그런 변신을 가능케 해주었다. 내상으로 고민하던 나는 탈출을 통해 '이론가, 운동가 반반'이라는 존재를 만들어갔다. 이런 경험 탓에 '문화 연구'에서 운동 혹은 실천이 강조되어야 한다는 나의 생각은 더욱 굳어져갔다.

'미디어 생산자'를 만나다

미디어 연구자가 콘텐츠 생산자를 직접 대하는 일은 쉽지 않다. 학연, 지연 등과 같은 인연을 통해 만나는 경우가 종종 있긴 하지만 '안면 깔고' 만나서 미디어 생산에 관한 논의를 할라치면 제법 묵직한 에너지가 뒷받침되어야 한다. 그런 탓인지 미디어 연구자들은 생산자 연구에 약점을 드러낸다. 미디어 생산자 접근은 그만큼 어렵고 공이 든다는 말이겠다. 지난 20여 년 동안 나는 여러 경로를 통해 미디어 생산자와 현장을 만나고, 그들과 함께 여러 순간을 같이하거나, 주요 개념을 만들어갈 기회를 가졌다. 연구자로서는 운이 좋았다. 앞서 논의한 미디어 교육을 통해서는 대중과 함께해 미디어의 개선을 꾀하며 수용자 복지를 노렸다면 생산자와 함께한 일들은 미디어 내부의 담론 경쟁을 촉진하고자 한 일이었다. 나는 이를 두고 미디어 운동의 '이중 전략'이라고 부르기도 했다.* 미디어 교육 따로 미디어 운동 따로가 아니라 멋쟁이 신사의 양복에 접힌 소매처럼 안팎이 서로 통하는 운동으로 이해하고자 했다. 그래서 가능한 한 미디어 현장에 선 미디어 생산자를 시민사회로 이끌고 다양한 수용자(단체)와 함께하도록 등을 밀거나 손을 이끌었다.

다양한 언론 기고나 출연을 통해 생산자에게 그런 점을 강조했고, 학술 활동을 통해서 미디어 연구자가 이중 전략에 기여하도록 강조해왔다. 더 정밀하게 말하자면 다양한 미디어 비평 활동은 수용자보다는 주로 미디어 생산자로 향했다. 미디어 생산자가 미디어라는 장field에 갇히지 않고 밖을 내다보도록 독려했다. 그들의 존재 이유가 업계 내에서의 평판으로 정해지기보다는 수용자의 구전으로 정해지는 경우가 더 많을 거라고 주장했다. 미디어 시장에서 수익(혹은 평판, 시청률) 경쟁이 아닌 정당성 경쟁의 담론이 넘치도록 유도하고자 했다.

미디어 생산자로 향한 비평은 엉뚱하게도 1995년의 '광

---

* 원용진, 「미디어 생태계의 변화와 미디어 운동의 이중 전략」, 『미디어 생태계 민주화를 위한 2012 정책보고서 II』(2012).

원용진

고비평'에서 시작되었다. 당시 종합유선방송위원회의 기관지였던 『뉴미디어 저널』에 3년 가까이 국내외 광고를 비평했다. 광고 읽기라는 슬로건을 내걸었지만 사실은 광고 생산자와 함께 대화할 목표로 기획한 프로젝트였다. 개인적으로도 처음 시도한 것이었거니와 비평계에서도 낯선 일이었다. 3년 남짓 축적된 글을 모아 『광고문화비평』이란 책을 출간했다.* 이는 이후 『텔레비전 비평』**이란 저술의 전초가 되어주었다.

　　미디어 생산자를 향해 직접 소통을 요청한 좀더 본격적인 운동은 앞서 언급했던 '가요순위 프로그램 폐지운동'이었다. 2001년에 본격화된 이 운동은 가요계에 방송이 지나치게 개입·좌우하여 실질적으로 음악 산업과 가요계에 큰 도움을 주지 못하고 있을 뿐 아니라 방송이 헤게모니를 잡는 불만에서 비롯되었다. 라이브 중심의 가수들은 가요순위 프로그램에서 소외될 수밖에 없었고, 인디 음악인들의 방송 진입도 쉽지 않았다. 오직 방송의 입맛에 맞는, 혹은 방송에 협조하는 대중음악만이 널리 소개될 가능성을 애초부터 안고 있었던 것이다. 그런 탓에 방송계가 대중음악 판의 권력으로 자리 잡았고, 음성적 거래의 온상이 되기도 했다.

● 원용진, 『광고문화비평』(한나래, 1996).
●● 원용진, 『텔레비전 비평』(한울아카데미, 2000).

1998년 발족한 '문화연대'는 서태지, 이승환, 조용필 팬클럽 등과 함께 가요순위 프로그램 폐지를 위한 범시민적 운동을 펴나갔다. 팬클럽 회원들이 적극성을 보였고, 내부의 스터디를 통해 단단한 논리 체계를 만들어갔다. 이들은 직접 미디어 생산자들과 토론을 펴나갔다. 그리고 그 열성의 결과로 지상파 방송은 가요순위 프로그램을 폐지하거나 수정하기에 이른다. 이때 같이 활동했던 시민들은 자신의 활동을 사회봉사 활동으로 이어갔고, 가요순위 프로그램 담당자와 함께 연예 영역이 지닐 수 있는 사회적 영향력을 같이 고민하는 시간을 가졌던 것으로 기억한다.

　　2007년 이후 나는 방송, 연예오락의 역사에 관한 연구에 관심을 갖기 시작했다.* 두 가지 계기가 있었다. 첫 번째는 일본 미디어 학자들과의 만남이었다. 그들의 꼼꼼한 미디어 역사 연구를 접한 후 그들의 열정을 분석해갔다. 역사 연구를 통해 무엇을 얻고자 하는지를 살펴보았다. 물론 그들의 지나친 역사 연구 경도에 대한 불만이 없는 것이 아니어서 태작을 많이 지켜보기도 했다. 제국주의적 근원도 읽을 수 있었다. 그렇지만 역사 연구가 빠진 한국의 미디어 연구의 반성이 되기엔 충분했

● 일제 강점기의 조선 레코드사의 문예부장 연구, 해방 후 방송가의 전속가수 제도의 운영, 방송가의 끊임없는 가요 정화운동 등에 대한 논문을 발표했다. 2016년 현재 악극단 연구를 통해 방송사가 그것을 어떻게 흡수하는지를 분석하고 있다.

　　　　　　　　　　　　　　　　　　　　　　　　　　　원용진

다. 개인적으로 역사 연구 없이 문화 연구 없다는 생각을 하게 되었다. 두 번째는 앞에서 언급한 운동과 관련되어 있다. 왜 방송사가 가요순위 프로그램에 그렇게 집착하고 있는지가 궁금했다. 그들은 대중가요에 대해 혹은 다른 연예오락에 관해 가장 강력한 주체로 남기를 염원하고 있었다는 가설을 세웠다. 그리고 방송 역사를 분석하면서 가요프로그램, 전속가수제, DJ 프로그램을 통해 권력을 행사하는 모습을 담았다. 방송은 끊임없이 자신의 권력을 놓지 않으려 했고, 그런 강박이 부지불식간에 미디어 생산자에게 전해지고, 성찰없이 관행으로 그를 지속해왔다고 잠정 결론을 내렸다. 나의 역사 연구는 그런 부분을 미디어 생산자와 같이 나누려 한 기획이었던 셈이다.

2000년에 제정된 새로운 방송법은 시청자평가프로그램 편성을 의무화했다. 그리고 시청자 평가원 제도를 신설해서 평가원이 매주 시청자를 대신해 불만을 전하게 해두었다. 나는 시청자 단체의 추천을 받아 제1기 KBS 시청자 평가원으로 활동을 했다. 제1기였던 탓에 활동을 규정한 내규도, 지침도 없었다. 시청자위원회, 이사회 등과 관계를 유지하며 새롭게 그 역할을 규정해가야 했다. 제작진과 평가원은 일을 시작하면서 몇 가지 약속을 했다. 시청자 평가원이 원하면 언제든 비평 대상 프로그램의 제작자가 출연해서 대화한다, 시청자 평가원의 원고에 어떤 개입도 하지 않는다, 시청자 평가원의 지적이 시청자 위원회를 통해 이사회까지 보고될 수 있도록 한다 등의 약속이었다. 지금 그 원칙이 명문화되어 있는지 알 수 없으나 처음의 평가원이 관행을 만들어야 한다는 사명감의 결과였다. 그리고 무엇보다 방송 생산자를 대화의 현장으로 끌어내는 일을 더 자주 벌여야 한다는 의지가 작동한 결과였다.

1998년 즈음해서 나는 KBS 위성DMB 시험방송 시간을 활용하여 〈밀레니엄 포럼〉이라는 프로그램의 진행을 맡았다. 매주 90분간 방송하는 파일럿 토론 프로그램이었다. 사회를 맡는 조건으로 비슷한 의견을 가진 패널 3~4인이 참가해 결론을 구성해가는 새로운 유형의 토론 프로그램 만들기를 제안했다. '토론 배틀'이 아니라 '토론 콜라보'를 제안한 셈이다. 프로듀서, 작가는 제안을 받아들였다. 약 2년 동안 다양한 주제를 놓고 국내의 전문가를 초청했고, 전혀 새로운 토론 프로그램을 만들었다. 당시 연출, 조연출, 작가와 함께 새로운 제작 방식을 만들어가고 싶었고 그래서 참으로 많은 토론을 했던 것으로 기억한다. KBS와 관련된 현안도 다룰 수 있고, 급진적 사유를 가진 전문가들의 출연도 가능하고, 제대로 상상되어 보지 않았던 급진적 제안도 허용되며, 방송인들이 사회를 더 많이 공부하도록 하는 그런 시스템을 만들어보고자 했다. 시험 방송이었던 탓에 모든 시청자에게 열려 있진 않았지만, 미디어 생산자들과 함께하는 알찬 대화의 공간이었던 것으로 기억한다.

방송 제작에 직접 참여해 미디어 생산자와 대화를 나누고, 그를 생산자 집단의 의제로 끌고갔던 경험은 계속되었다. 2002년부터는 EBS의 옴부즈만 프로그램 〈지금은 시청자 시대〉의 사회를 맡았다. 나는 EBS 내 모든 프로그램의 프로듀서를 만나 제작 현장에서 벌어지는 일을 들을 수 있는 행운을 누렸다. 제작상의 어려움을 듣고, 그것을 사장에 전하는 역할, 시청자의 불만을 제작자들에게 전하는 일을 해냈다. 당시 방송법상으로 EBS는 옴부즈만 프로그램 편성 의무가 없었다. 당시 김학천 사장이 제작진과의 대화가 필요하다며 적극 권장했고, 프로그램을 통해 나온 이야기를 전해줄 것을 제안해 사회를 맡게 되었다. 그 덕에 EBS의 사정을 바깥으로 알리거나 내부의 문제를 해결하는 데 몇 번에 걸쳐 의제를 던지기도, 또 직접 도움을 주기도 했다.

언론인 김중배 씨가 2001년 MBC 사장에 취임하면서 매체 비평 프로그램 편성 제작에 대한 이야기를 제작진과 나누었던 모양이다. 비평 프로그램의 책임을 맡았던 이는 최용익 기자였다. 최용익 기자는 프로그램의 선례가 없는 관계로 학자 몇몇을 자문위원으로 초치招致했다. 변호사까지 자문회의에 참여시키며 비평 한 줄 한 줄에 주의를 기울였다. 이화여자대학교 이재경, 성공회대학교 최영묵, 경기대학교 김재홍, 나를 포함해 여러 명이 자문위원으로 참여했고, 손석희 앵커가 사회를, 정태인이 리포터 역을 맡았다. 준비를 거쳐 2001년 5월 그 시끄러웠던 〈미디어 비평〉이 출범했다. 이 프로그램은 미디어 상호간의 비평·실명 비평의 문호를 열었고, 미디어 간 긴장관계를 조성했다. 공격적 비평으로 역공을 받을 수 있다는 불평도 나왔지만, 제작진의 열의와 경영 측의 배려로 지속될 수 있었다. 이 프로그램은 KBS의 〈미디어 포커스〉를 낳았고, 이후 MBC 내부에서는 다른 이름으로 지속되었다.

자문교수의 역할은 한정적이었다. 이론을 제공하긴 했지만 이미 긴 시간 기자나 프로듀서들은 체득한 미디어 관련 지식

2001년 5월에 출범한 〈미디어 비평〉은
미디어 상호간의 비평과 실명 비평의 문호를 열었고,
미디어 간 긴장 관계를 조성하는 역할을 했다.

이 충분했던 탓에 크게 빛이 나지는 않았다. 그런 프로그램의 필요성을 강조하고, 해외의 여러 사례를 제시하며 지금 하고 있는 제작이 의미가 있음을 환기해주는 역할에 머물렀다. 1년 가까이 매주 새벽에 제작진과 토론을 벌였던 것이 공영방송의 한 축이 자신의 역할을 제대로 인식하고, 공영방송이 해내야 할 일을 되새겨보았던 데 큰 도움이 되었을 것으로 짐작해본다. 그뿐만 아니라 그런 기운이 보도국뿐만 아니라 시사 제작국, 교양 담당 부서들에도 전해져 공영방송의 정체성을 갖는 데 일조하기를 기대했다(그때의 한 바탕 작업과 2016년 지금의 공영방송 MBC는 도대체 대비조차 어려운 한 쌍의 사건이다).

본격적으로 미디어 생산자와 대화를 하는 시간을 갖게 된 것은 2004년 6월 한국언론학회가 방송위원회에 제출한 대통령 탄핵보도 보고서 사건 때였다. 당시 방송위원회는 탄핵 보도의 공정성을 놓고 자신들이 판단을 하는 대신 한국언론학회에 공정성 여부를 연구해달라는 용역을 했다. 연구 용역을 받은 한국언론학회는 연구진을 구성하고 연구 보고서를 제출했다. 어떤 방식으로 연구하든 공영방송의 탄핵보도에 대해 같은 결론을 내릴 수밖에 없을 정도로 불공정했다는 결론을 발표했

원용진

다. 보도 중에서도 기자가 아닌 프로듀서들이 담당한 보도가 더욱 그러했다는 결론을 내렸다. 한국방송학회, 몇몇 언론학자들은 기자회견을 자청해 연구의 타당성에 대해 언급했고, 보도를 담당했던 언론인들은 연구에 반발했다. 그러나 실제 그 연구 발표를 정면으로 반박하는 연구로까지 이어지지 않았다. 그러자 연구 내용은 보수언론이 방송을 공격하는 토대가 되는 등 정치적 사건으로 비화했다. 방송의 공정성이 처음으로 대중의 시선 안으로 들어왔지만 미디어 연구자들은 그에 대해 명료한 답을 내놓지 못했고, 오히려 연구가 정치적 사건으로만 받아들여지기에 이르렀다.

연구진과는 다른 의견을 가졌던 나는 생각을 정리해 『PD 저널리즘』이라는 책을 펴냈다.* 이 책에서 객관성과 공정성에 대한 기존의 연구를 '과학주의'라고 비판했다. 저널리즘 과학의 공식대로 보도하면 객관성과 공정성을 얻을 수 있다고, 다양한 하부 지표를 만들었다고 해서 그런 이름을 붙였다. 그 비판을 기반으로 공정성을 새롭게 사유할 것을 제안했다. 2008년 5월 방송통신심의위원회에서 방송의 공정성 가이드라인 제작을 꾀했다. 공정성 지표를 만들고, 그를 기반으로 공정성에 대

---

* 원용진 · 홍성일 · 방희경, 『PD 저널리즘: 한국 방송 저널리즘 속 '일탈'』(한나래, 2008).

한 심의를 하겠다는 의지의 발로로 보였다. 방송사와 시민사회단체는 반발했다. 공정성 기준을 자신들의 입맛대로 만들고 언론을 탄압하려는 의도라고 의심했다. 비판에도 불구하고 강행할 의사를 밝히자 시민사회단체에서는 공정성 연구 팀에 내가 들어가주길 요청했다. 탄핵보도 공정성 논란에서 비판의 한 자락을 깔았던 탓이리라. 나는 시종일관 연구 회의를 통해 공정성에 대한 사회적 합의가 쉽지 않음을 주장하고, 가이드라인이 가질 권력 효과를 지적해나갔다. 그리고 공정성에 대한 여러 시각을 전하며 보고서의 서론을 적을 기회를 달라고 요청했다. 서론 집필의 양해를 받았고, 서론에 문화권마다 공정성에 대한 시각 차가 있고, 연구자간에도 시각차가 존재했다는 것을 공동 인식했음을 강조해서 적었다.

공정성, 객관성 시비는 황우석 사건이 터질 때쯤 해서 폭발적으로 커졌다. 2005년 하반기에 MBC〈PD수첩〉팀은 황우석 연구팀에 대한 취재가 들어갔고, 11월 22일 "황우석 신화와 난자 의혹"편을 방영했다. 네티즌, 대통령, 온갖 언론이 나서〈PD수첩〉팀을 공격했던 것은 널리 알려진 바다. 이 공격은 앞선 공정성 시비와 연장선으로 보아도 큰 무리가 없다.

PD들이 결론을 먼저 내리고 그 결론에 맞는 증거 영상을 꿰맞추어 보도하는 일을 거듭한다는 비판이 쏟아졌다. 당시 〈PD수첩〉에 퍼부은 언론과 학계 담론을 모아 지금 훑어보면 얼굴이 화끈거릴 정도다. 막말의 향연이기도 했다(언론학자들은 나중에 그 말 빚을 어떻게 갚을지 궁금하다). 결국 〈PD수첩〉 보도의 손을 들어주었지만 비난 담론을 편 측에서는 한 번도 그에 대해 사과하지 않았다. 심지어 아직 그런 의심을 버리지 않은 사람이 있을 정도다. 황우석과 관련해서 벌어졌던 '대소동'을 모아 보고 싶었다. 아니 기록으로 남겨두고 싶었다. 『프레시안』의 강양구 기자, MBC의 최승호와 한학수 PD, 『일다』의 조이여울 편집장 등과 대화하며, 생각이 비슷한 학자들의 글을 모아 『신화의 추락, 국익의 유령』이란 책을 편집 출간했다.● 학자와 언론인이 특정 사건의 특정 국면을 논의한 드문 책으로 기록이 되었다. 그리고 언론과 학계가 편 대화의 순간을 기록한 책이기도 했다.

2004년 탄핵보도, 2005년 황우석 사건에 이어 2006년에는 한미FTA 국면이 형성되었고, 공영방송은 그에 대한 우려의 보도를 내놓았다. 2006년 6월 4일 〈KBS 스페셜〉은 "FTA

● 원용진 외, 『신화의 추락, 국익의 유령: 황우석, 'PD수첩' 그리고 한국의 저널리즘』(한나래, 2006).

2008년 11월 11일 KBS기자협회와 PD협회는 〈미디어 포커스〉 폐지를 반대하며
서울 여의도 KBS 본관에서 '가을개편 규탄집회'를 열었다.

12년, 멕시코의 명과 암"을 방영했다. 보도를 통해 프로그램은 "결론적으로 미국과 맺은 FTA 체결은 중산층 붕괴와 심각한 대미 종속 경제 심화라는 결과를 멕시코에 선사했다. 멕시코의 사례에 비추어 한미FTA 체결은 보다 신중하게 접근해야 할 민족의 운명이 걸린 문제다"라고 결론을 내렸다. 정부는 당장 자신에 대한 공격으로 받아들이고 보도자료를 배포했다. 여전히 방송의 공정성을 지적했다. '터무니없는 주장'이라는 말도 서슴지 않았다. MBC는 〈PD수첩〉을 통해 7월 4일, 7월 18일 두 번에 걸쳐 한미FTA 협상 체결의 문제점을 지적했다. 당시 국정홍보처장은 "FTA와 관련된 최근 방송의 특집이나 기획 보도를 보면 공정성에 심각한 의문을 제기하지 않을 수 없다"고 발언했다. 심지어 "이 정도면 횡포에 가까운 것"이라는 말도 쏟아냈다. 당시 나는 FTA반대국민운동본부에 이름을 올리고 운동을 펴고 있었다. 미디어 생산자들이 만든 영상을 시민 홍보용으로 활용했다. 그리고 직접 수용자와 자리를 함께하는 기회를 되도록 많이 만들려고 애를 썼다.

2008년 이명박 정권의 시작 이후 미디어계는 완전히 다른 세상이 되었다. 광우병 보도 이후 시사제작팀은 모진 찬바람을 맞았다. 보도 현장에서 밀려나는 등 여러 형태로 인사 불이익을 감수해야 했다. 심지어 형사 처벌을 꾀하는 정부와 온몸으로 맞서 싸워야 했다. 학자들도 나서서 조직을 만들고 그들을 옹호·보호하고자 했고, 때론 그들의 운동에 적극 협력했다. 하지만 성과는 없었고 지금의 언론 꼴에 이르게 되었다. 나 또한 2009년 KBS에서 명예훼손 소송을 당했다. 『한국일보』에 실은 공영방송의 몰역사성 비판 칼럼을 빌미로 1억 원 보상 소송을 걸어왔다. 이후 KBS가 취하하긴 했지만 권위적인 정권 등장 이후 미디어 생산자들과의 소통이 막혔음을 실감하는 결정적 사건이었다.

공영방송의 모습에 좌절하고 그 바깥으로 나와 대안방송을 만든 〈뉴스타파〉 팀과는 일찌감치 조우했다. 〈뉴스타파〉가 어떤 방향으로 가야 할지 해외의 대안적 매체를 연구하며 같이 방향을 잡아나갔다. 〈뉴스타파〉가 학교에서 걸어 5분 거리에 있는 탓에 산책 삼아 놀러가기도 하고, 이런저런 소식을 접하기도 하고 도울 일이 있으면 돕기도 한다. 옴부즈만 역할을 하기도 하고, 자문회의에도 참여했다. 김용진 대표를 학교로 초청해 강연을 열어 대안 미디어가 존재하고 있음을 인지시키는 일도

원용진

폈다. 대안이 있다는 사실에 안도하기는 하지만 여전히 그 일을 당연히 해내야 할 공영방송, 그리고 공익적 미디어가 부실함으로써 생긴 대안이라는 점에선 안타까움을 금하기 어렵다.

　미디어 생산자를 만나는 일이 이 글을 적는 2016년 현재, 과거와 비교해보면 참으로 어려워졌다. 더이상 미디어 바깥으로 나오지 않는다. 연구자, 수용자와 만나는 일이 경영진 등에 의해 통제됨으로써 만남 자체가 어려워진다. 더 많은 대화를 꾀하려 하던 과거와 달리 이젠 아예 차단벽을 쌓아가는 일이 벌어지는 것처럼 보인다. 차단벽이 제도화되었다고 말하는 편이 옳을 듯하다. 연구자, 운동가로서 미디어 생산자를 만나고 대화를 나누는 일은 필수적인 일이건만 언론 환경의 황폐화와 함께 어려워졌다. 미디어 풍경이 어두운 것은 그 안의 내용물들이 어처구니 없어서이기도 하지만 무엇보다 그 안의 생산자들이 세상 바깥으로 떳떳히 나서지 못하기 때문이다. 그들의 사정이 어려워진 것이다. 더 만나려 애쓰고, 대화를 위해 힘을 내야 한다는 생각이지만 상상하기 힘들 정도로 그것을 차단하려는 힘은 강하게 작동하고 있다. 미디어 빙하기라는 말 외에 딱히 떠오르는 단어가 없다.

시민들과 판을 벌이다

앞서 몇 번 언급했듯이 1998년 나는 문화 연구를 전공으로 하는 몇몇 학자와 문화개혁을 위한 시민연대라는 단체를 조직했다. 자금도 인력도 없이 시작한 일이라 당시 영화사를 개업했던 명계남 배우의 사무실 공간 일부를 빌렸다. 단체 안에 여러 하부 조직이 있었고, 나는 그중 매체문화위원회를 책임 맡았다. 이 위원회는 나중에 미디어문화위원회로 이름이 바뀌는데 미디어 전반에 걸친 정책을 감시하고, 콘텐츠를 모니터링하며, 표현의 자유를 옹호하고, 미디어에 대한 시민의 권리를 구체적으로 신장시키는 사업을 펴는 목적을 가졌다. 이 글을 적는 지금 2016년 현재 나는 문화연대로 명칭을 바꾼 그 조직의 공동대표직을 맡고 있다. 100퍼센트 시민의 후원으로 조직을 운영하자는 명분에 맞추다 보니 자금난으로 고생이 많다. 셀 수 없을 정도로 이사를 거듭했고, 수많은 활동가가 오고갔다. 조갑제닷컴에서 펴낸 『한국 사회단체 성향분석』은 문화연대를 가장 좌파적 이념에 가까운 조직으로 규정하고 있다. 그 출판사가 무슨 근거로 그런 작업 결과를 출판했는지 알 길은 없으

원용진

나 지금껏 시민사회가 벌이지 않은 일들을 해냈던 사실에 놀라 그런 규정을 했으리라 짐작해본다. 어쨌든 그 조직 안에서 미디어와 관련된 많은 일을 시도했다.

　전국 각지에 미디어센터를 설립하러 나 개인으로서도, 문화연대로서도 혼신의 힘을 다했다. 앞서 소개한 노뉴단은 시민 모두가 미디어를 직접 다루고 자신의 생각, 꿈, 주장을 제작·표현할 수 있는 기회를 가져야 함을 주장해왔다. 모든 시민에게 그것을 적용시키기 전에 그들은 노동자 집단을 찾아 그 작업을 시작했다. 만약 시민이 그런 능력을 갖추어 자신을 표현할 수 있다면 전혀 새로운 표현의 자유 시대가 도래할 것이라며 공적 영역에 그런 공간을 만들 것을 주장했다. 도서관이 시민에게 정보와 문화 습득 기회를 제공하는 곳이고, 공연장이 문화적 재능을 직접 대할 수 있는 공간이듯 미디어센터는 시민이 직접 표현할 수 있는 능력을 기르고 직접 표현해볼 수 있는 공간이 될 거라며 공적 기금으로 설립할 것을 제안했다. 센터 설립을 법으로 정하는 일, 정책 입안을 제안하는 일, 입법과 정책 실시에 맞출 인재를 준비하는 일을 영화인들과 문화연대가 함께 펼쳐나갔다.

독립영화단체와 함께 영상진흥책에 미디어센터를 설치할 수 있도록 하자는 정책 운동을 벌였고, 그 결과 2002년에 영화진흥위원회가 서울 광화문에 서울영상미디어센터를 설치하기에 이른다. 센터는 시민들에게 영상 감상, 미디어 교육, 제작 교육, 직접 제작의 기회를 제공했다. 작법을 배워 소설을 적고, 그 것을 발표할 기회를 가져보는 꿈을 가진 문학청년과 문학소녀처럼 영상을 통해 그 같은 꿈을 실현하길 원하는 시민들도 있을 것이다. 그럴 경우 센터를 방문하면 영상 작법을 배울 수 있고, 또 직접 제작할 수 있으며, 발표할 기회도 갖게 된다. 서울영상미디어센터가 성공적으로 활동을 펴자, 지역에도 그 같은 센터를 설립해 기회의 평등을 유지해야 한다는 목소리가 나왔다.

문화체육관광부는 영상문화진흥이라는 정책의 이름 하에 각 지역에 미디어센터를 설치하도록 지원하는 계획을 세웠다(계획은 이후에 언급할 나의 미디어 정책 개입 활동과 관련되어 있었다). 2005년 김해영상미디어센터를 시작으로 각 지자체와 협력하에 2013년까지 매해 2개소씩 선정 지원하기에 이르렀다. 영화진흥위원회, 문화체육관광부가 지원하는 미디어센터 외에도 MBC의 재단격인 방송문화진흥위원회, 방송통신위원회, 지자체가 이어 나서서 각 지역에 미디어센터를 직접 설립 운영하기도 했다. 다양한 운영 주체와 지원 방식을 지니고 있으나 대체로 미디어센터의 목적과 활동 범주는 앞서 언급한 바와 같이 대동소이하다.

나는 영상미디어센터의 제안, 계획, 입법활동, 운영에 이르기까지 활동한 탓에 설립 후 운영까지 책임을 져야 했다. 가장 먼저 생긴 서울영상미디어센터 운영위원장을 맡아 몇 년간 봉사를 했다. 유학시절에 우연히 만났던 노뉴단의 김명준 씨가 초대 소장이 되고, 내가 초대 운영위원장이 되었으니 같은 뜻을 가진 사람들은 언제고 만난다는 감회가 들었다. 서로의 협력하에 참으로 많은 시도를 했다. 찾아가는 제작 교육을 벌여 군부대, 일본군 위안부 할머니, 장애인 단체 등을 방문하고 제작 능력을 갖추도록 도왔다. 각 지역에 설립되는 미디어센터들의 모델이 되는 것은 물론이고, 설립 지원을 아끼지 않았다. 설립되는 지역의 미디어센터를 회원으로 하는 전국미디어센터협의회도 설립했다. 네트워크를 통해 콘텐츠를 나누기 위한 작업도 벌였고 활동을 기록하며 전국적으로 공유하는 정기간행물도 만들어냈다.

미디어센터의 설립이 어느 정도 단계에 이르렀고, 활동 또한 자리를 잡아가면서 조금씩 손을 떼기 시작했다. 기억으로는 2007년까지 센터 설립과 운영에 참여했던 것 같다. 그러다 2012년에 수원의 시민사회단체로부터 급하게 연락을 받았다. 수원에 영상미디어센터를 설립할 준비를 하는데 경험 있는 준비위원들이 필요하다는 연락이었다. 이미 손을 놓았다고 저어했지만 2006년 수원으로 이사 가 수원 시민이 된 터라 거절은 성공하지 못했다. 준비위원회를 발족한 지 2년 만인 2014년 수원영상미디어센터가 설립되었고, 2016년 3월 현재까지 의결기구인 운영위원회의 운영위원장을 맡고 있다. 지금까지의 미디어센터 설립 활동이 봉사적인 성격이 강했다면 수원영상미디어센터는 내가 사는 동네의 센터라는 점에서 곧 나의 일이라 여기며 더 애정을 표한다. 자주 식구들과 함께 흘러간 영화를 보러가기도 하고, 그냥 아무 목적없이 근처에 가서 센터 직원들과 이야기를 나누고 오기도 한다. 그것도 운동의 한 방편일 거라는 믿음으로 말이다.

　　문화연대는 문화예술교육위원회를 산하조직으로 두고 문화예술교육을 학교 안팎에서 어떻게 해낼지를 고민했다. 특히 중고등학교 예술 관련 교과목 교사들과 함께 교육을 위한 교과서를 공동으로 제작하기도 했다. 학교 내 교사 부족에 대비해 문화예술 파견 강사 제도, 강사를 교육하는 문화예술교육진흥원 설립을 제안하고 성사시켰다. 이 같은 제도의 시행을 갈구했던 것은 시민들의 다양한 표현 능력의 제고를 꾀하고자 했기 때문이다. 미디어센터의 건립 등에 관심을 가졌던 것도 그 일환이었다. 시민들의 영상을 모아 우수 작품을 선택하는 시민영상제가 많이 있다. 2003년 '대전충남 퍼블릭 액세스 시민영상제'에서 〈안터 민원〉이란 작품이 수상을 한다. 충청도의 안터라는 한 마을에서 자신의 마을에 마을회관을 지어달라는 민원을 담고 있었다. 영상을 통해 마을 노인들은 현실성 없는 행정을 성토하며 자신의 마을에 회관을 지어줄 것을 요청했다. 최초로 만들어진 영상 민원이었다. 글로 적어 행정 서류로 만드는 대신 일상 언어로 자신의 불만을 제시한 민원이었다. 영상 리터러시를 갖출 수 있다면, 누구나 다 영상을 통해 자신을 표현할 수 있다면 사회 내 소통 사정은 달라지지 않았을까? 학교 안에서는 미디어 교육을 통해 그런 작업을 해내고, 학교 바깥에서는 미디어센터를 통해 그런 리터러시를 키우는 일이야말로 공론장을 더 건강하게 만들 수 있을 것이다.

　미디어 특히 방송 미디어와 관련해 수용자가 주장할 수 있는 권리를 나는 3단계로 나눈 적이 있었다.* 보편적 서비스권, 퍼블릭 액세스권, 커뮤니케이션권이다. 보편적 서비스권은 국민의 자원인 전파를 사용하는 방송이 수용자를 차별하지 않고 서비스를 제공해 챙길 수 있는 수용자 권리를 말한다. 방송법 안에 방송은 수용자의 지역·계층과 관계없이 모든 수용자에게 균등한 서비스를 제공해야 한다고 못 박아 두고 있다. 액세스권은 수용자가 기존의 제도권 방송에 접근·활용하여 자신의 의견을 드러낼 권리다. 방송법에는 시청자 참여 프로그램, 시청자 제작 프로그램 등으로 그 권리를 충족시킬 것을 명문화해놓고 있다. 소위 옴부즈만 프로그램을 통해 의견을 말하거나 직접 시청자가 제작한 프로그램을 방송에 편성하는 권리를 말한다. 커뮤니케이션권은 기존 제도권 미디어와 상관없이 수용자가 직접 미디어를 소유, 운용, 제작할 권리를 의미한다. 앞서 소개한 미디어센터 혹은 영상미디어센터 그리고 이후 소개할 공동체 라디오 등이 그 권리의 구체적인 실현에 속한다.

　2001년의 시민방송 설립에 얽힌 이야기는 이젠 기억하는

● 원용진, 「대중 매체 참여를 위하여: 퍼블릭 액세스권과 커뮤니케이션권」, 『문화과학』, 제26호(2001년 여름호), 289~302쪽.

이가 거의 없을 테니 기록으로도 잠깐 남겨보자. 위성방송이 출범할 즈음해서다. 위성방송을 출범시키면서 스카이라이프는 허가를 받기 위해 공익 지원을 약속했다. 이 공익 지원이 그때 시민사회 담론으로 크게 각광을 떨치던 퍼블릭 액세스권으로 향한다는 말이 있었다. 당시로서는 새로운 퍼블릭 액세스 채널을 만든다고 했지만, 엄밀한 의미에선 커뮤니케이션권리에 가까운 그런 채널이었다. 즉, 시민이 소유 운영하고, 시민의 프로그램을 방영하는 채널을 케이블이나 위성 플랫폼을 통해 방송한다는 계획이었다. 그러니까 새로운 시민 채널을 만들 수 있는 재원이 위성방송의 출범으로 확보가 된 셈이다. 두 개의 큰 주체가 새로운 시민채널 운영 주체로 뛰어들었다. 예전부터 방송할 기회를 노리던 '국민주방송'과 전혀 새롭게 조직한 '시민방송'이었다. 국민주방송은 국민주 신문인 『한겨레』를 본따 국민주를 모아 대안적 방송사를 만들겠다는 취지하에 만들어진 조직이다. 1995년부터 활동을 하다 위성채널이 생기면서 방송사 설립을 실현시키겠다고 나선 것이다. 시민방송은 퍼블릭 액세스 채널을 표방하고, 플랫폼이 생기기 전까지는 인터넷을 통해 방송을 실시해왔다. 그러니까 둘 다 시민을 위한 퍼블릭 액세스 채널을 표방했고, 경쟁적으로 사업을 하겠다고 나섰다. 같은 취지를 가졌고, 진보적 인사들이 포함된 조직이었지만 서로 다투어 주체가 되려고 했다.

시민사회가 중재에 나섰고, 서로가 만족할 수 있는 좋은 결론을 내라며 나에게 그 중재 역할을 맡겼다. 여관 방을 하나 잡고, 밤을 새워가며 조정을 시도했다. 모두가 만족할 만한 결론을 얻진 못했다. 아마 그때만큼 운동에 대한 회의, 시민사회에 대한 회의를 해본 적이 없었다. 최종적으로 둘은 서로 통합 계획을 세우고 공동으로 퍼블릭 액세스 채널을 만들기로 합의했다. 그것이 시민방송의 탄생 배경이다. 지금은 RTV란 이름으로 채널을 운영하고 있다. 지금 RTV의 위상보다 훨씬 나은 모습의 채널을 만들 수 있는 기회를 서로의 과욕으로 놓쳤다는 생각은 아직도 지우지 않고 있다. 이렇듯 시민이 벌이는 미디어판에 발을 깊숙이 담그고 있긴 했지만 기대했던 큰 성과는 거두지 못했다. 활동에 의미를 부여한다면 미디어에 관심을 가진 진보적 인사, 시민들과 네트워크를 만들어갔다는 점, 미디어판에서도 시민 영역이 존재함을 인식시켜갔다는 점 정도라 하겠다.

미디어 정책 참여

정치권에 발을 들여놓거나 기웃거린 적은 없지만 그럴 거라는 의심을 받을 일을 한 적이 있다. 2002년 노무현 후보가 대통령에 당선된 지 열흘 만이었다. 함께 문화연대를 조직했고, 『문화/과학』 동인 활동을 하던 심광현 교수에게서 급히 만나자는 연락이 왔다. 새로운 정부에서 전과는 다른 문화정책을 펴고자 하는 데 적당한 인물을 찾고 있다는 전언이었다. 문화 영역을 교육, 산업 등과 접합하는 큰 계획을 세우려 한다며 참여할 것을 권했다. 대통령직 인수위원회에 참여해달라는 주문이었다. 당시 문화 영역에는 인수위원 배당이 없다며 위원회의 전문위원으로 참여해달라는 부탁이었다. 이미 대선을 앞두고 문화연대에서 각 후보들에게 정책 질의를 마쳤고, 정책 제안을 해둔 탓에 준비에 큰 어려움이 없을 것으로 보고 수락을 했다. 그로부터 두 달 동안 문화, 미디어와 관련된 새로운 정책을 정리해냈다. 대선 동안 내걸었던 공약이 있었으므로 당장 지킬 수 있는 것과 장기적으로 지킬 수 있는 것, 그리고 누락되었지만 새롭게 정리해나갈 수 있는 것들로 분류 정리하고 실행 계획을 제시했다.

　정치적 참여라는 오해를 무릅쓰고 문화정책과 관련해 참여를 크게 망설이지 않게 된 데는 몇 가지 이유가 있다. 1994년 영화진흥공사 시절에 영화인 의식 조사를 해달라는 요청이 있었다. 다른 교수에게 들어온 용역이었는데 영화 영역을 잘 모른다며 도와달라는 부탁에 응한 결과였다. 영화계를 잘 모르기는 나도 마찬가지였다. 주변에 물어물어 누구보다도 영화계, 영화산업을 꿰뚫고 있던 김혜준, 이정하 두 사람을 만나게 되었다. 두 사람은 당시 영화 정책을 주도하던 정부와 맞서 여러 정책 대안을 내고, 여론을 만들어가던 이른바 영화계의 진보 운동가였다. 이들의 도움으로 설문지도 만들고 많은 영화인을 만나 인터뷰를 할 수 있었다. 연구 결과 대부분의 영화인이 영화진흥정책 특히 영화진흥공사 자체에 대한 불만을 갖고 있음을 밝혀냈다. 그렇게 낮은 지지를 받는 영화행정기구가 어떻게 영화인을 대변할 수 있나 의구심이 들 정도였다. 중간보고를 요청해 와서 영화진흥 책임 공무원과 영화진흥공사 관계자를 같이 만났다. 김혜준, 이정하 두 사람과 함께 작업을 했다는 말을 전하자 "빨갱이들"이라며 그들과 협력하지 말라고 요청했다.

그런 일이 있고 난 후에 영화진흥공사 자리에는 여전히 낙하산 인사들이 날아들었다. 영화진흥에 별 도움이 안 될 정책이 남발되었다. 김혜준, 이정하 두 사람은 날 선 비판을 해댔고, 효력이 있을 대안을 누구보다도 먼저 내놓았다. 영화진흥공사라는 조직을 하루바삐 바꾸어야 한다는 생각, 적절한 인재가 일할 수 있도록 해야 한다는 생각, 무엇보다도 문화정책의 대강이 공무원의 손에서 벗어나야겠다는 생각을 했다. 그리고 그 사건 이후로 꾸준히 영화 관련 정책에 손을 댔다. 2000년 9월 젊은 영화인들이 영화계를 개혁한다며 만든 '영화인회의'에도 특별위원회 위원장으로 활동을 한 바 있다. 정책의 방향을 약간만 바로잡아도 많은 문화예술인이 혜택을 받고, 판 자체가 바뀔 수도 있음을 온몸으로 체험하던 때였다. 대통령직 인수위원회에 참여해달라는 부탁에 크게 망설이지 않았던 것도 그런 탓이다. 정책의 중요함을 알았기에 참여한 일이었고 2개월 동안의 활동을 마치고는 아무런 미련 없이 손을 털고 나왔다. •

대통령직 인수위원회 등에서 일할 때 주력했던 정책 방향을 나름대로 지니고 있었다. 문화 관련 행정기구를 위원회로 전환하는 일에 주력했다. 새로운 거버넌스 체제를 만들고자 했

• 인수위원회의 활동이 대통령 취임식 때까지였지만 나는 새 학기 준비 등으로 준비된 내용을 제출하고 먼저 위원회를 나왔다. 내가 나가고 난 후 이틀 후에 대통령 당선자가 인수위에서 활동했던 사람들과 일일이 사진을 찍어주었다 한다. 노무현 전 대통령이 서거하고 난 후에 늘 그 사진 한 장을 찍어두지 못했음에 늘 아쉬움을 느낀다.

다. 예를 들어 문화예술진흥원을 문화예술진흥위원회(2005년)로 바꾸어 각 장르별 전문가들이 협의해 정책을 수립하고 예산을 집행하도록 했다. 그뿐만 아니라 과거 전통적인 장르 구분법으로는 규정되지 않는 분야(청년문화, 프린지문화, 디지털문화, 대중문화 등)도 위원회가 포괄 지원하도록 촉구했다. 문화예술 분야의 정책 지원이 대체로 전문 생산자에게 편향되어 있던 데서 향유자 중심으로 옮겨가는 정책을 주문하기도 했다. 도서관, 미디어센터, 주민자치센터, 문화의 집 등을 통해 시민이 문화 향유를 누릴 수 있는 쪽으로 문화정책의 방향을 틀려 했다. 예를 들어, 영화진흥위원회로 하여금 광화문에 서울영상미디어센터를 설립하여 시민들이 직접 영상미디어 제작 능력을 익히고, 직접 실습이 가능하도록 조처했다. 이 조처는 이후 전국에 미디어센터가 설립되는 등의 효과를 낳았다. 또 다른 행태로 주목할 만한 사건은 미디어 정책(방송법 제정)에 의한 공동체 라디오의 지원과 허가였다.

2004년 6월 방송위원회는 정보통신부와 함께 소출력 FM 라디오 방송을 활성화하는 방안을 발표했다. 서울 관악, 마포, 경기 성남, 충청 공주, 경북 영주, 대구 달서, 광주 북구, 전남 나

2004년 6월 나는 마포시민단체협의회,
마포구청과 서강대학교를 콘소시엄으로 엮어 학생들과 함께 사업자로 참여했다.

주가 시범사업자로 선정되었다(나는 마포시민단체협의회, 마포 구청과 서강대학교를 콘소시엄으로 엮어 학생들과 함께 사업자로 참여했다).* 2005년 들어 정식으로 허가가 났고, 2016년 현재 전국에 7개 방송국이 사업을 벌이고 있다. 지원을 약속했던 방송위원회와 지자체가 약속을 어김으로써 공동체 라디오는 파행을 거듭했고, 지금은 최소한으로만 남아 있다. 정부가 더는 전파 사용을 허가하지 않고 있어 더 늘어나지 못하지만, 서울시를 중심으로 마을공동체 미디어 설립하기 운동이 벌어지고 있는 등 전혀 새로운 공동체 라디오판이 형성 중이다. 디지털 시대를 맞아 FM 주파수를 배분받지 못하더라도 팟캐스팅 등을 이용할 수 있기에 마을공동체 라디오가 여기저기서 만들어지고 있다. 아무도 관심을 갖지 않았던 그 미디어를 주민의 손에 넘겨주는 작업을 벌인 것을 보람찬 일로 기억한다. 하지만 그 사업이 2008년 이후 언론 상황의 악화와 함께 지지부진해진 데는 후속 작업을 제대로 하지 못한 탓이 크다는 자책도 하고 있다.

정책 참여는 곧 정책 저항을 동반할 수밖에 없다. 잘 계획해 만들어놓은 정책이 제대로 수행되지 않거나, 변형되어 파행

● 당시 허가 신청 준비 중이던 서강대학교 학생과 마포 주민의 모습을 『한겨레』 2004년 10월 15일자 「마포 '동네방네'에서 동네방네 소식 띄우네」 기사에서 전하고 있다.

　　　　　　　　　　　　　　　　　　　　　　　　　　　　원용진

을 겪을 땐 직접 나서서 정책 수정, 정책 거부에 나섰다. 스크린 쿼터 관련 운동이 대표적이다. 1998년 영화인들은 대책위를 구성하고 스크린쿼터 축소에 반대하는 입장을 밝혔다. 1989년 미국 영화 직접 배급을 경험했던 영화인들은 스크린쿼터 축소까지 이루어지면 할리우드가 영화판을 주도할 거라고 예측했다. 미국은 한미 무역과 관련해 스크린쿼터 자체가 자유무역을 막는 조처라며 지속적으로 토를 달았다. 한미FTA의 선결조건으로 스크린쿼터 축소를 내걸기도 했다. 영화 스타들이 올리는 높은 수익과 그 저항을 연결 지으면서 못마땅하게도 여겼다. 스크린 쿼터 축소 반대 운동은 한국만의 문제는 아니라 여겼고, 언젠가는 할리우드의 헤게모니 안에서 전 세계 영화인들이 고통을 겪을 거라 전망하며 벌인 국제적 운동이라 사고했다. 그와 상관없이 영화인들은 문화다양성협약에 한국이 가입하게 하고 국회 비준을 받아내는 데 성공했다. 이후 한국은 프랑스, 캐나다와 함께 문화다양성 수호의 최첨단으로 알려지게 된다. 하지만 그럴수록 미국의 스크린쿼터에 대한 공격은 집요해졌다.

스크린쿼터 축소를 막는 운동은 결국 실패로 끝났다. 노

1998년 12월 1일 한국 영화의 죽음을 뜻한다는 걸 강조하기 위해
영화배우들은 자신들의 영정을 들고 스크린쿼터를 사수하기 위한 시위를 벌였다.

무현 정부가 FTA 선결조건으로 쿼터를 반 토막을 내버렸다. 물론 영화인들이 미리 짐작한 것만큼의 비극적인 일이 영화판에 당장 벌어지진 않았다. 한미FTA가 체결되고 난 후 생길 시청각 분야의 궤멸에 대한 논의도 예상을 빗나갔다. 의외로 그동안 체질을 강화해온 한국의 영상산업이 선전하고 있었다. 한류 붐을 맞아 호황기를 누리면서 체질이 강화된 것도 버티게 해준 한 축이었다. 비상대책위가 만들어지거나, TF팀이 만들어지면 이름을 올렸고, 운동하는 측에 이론적 자원을 제공했다.* 각종 토론회에 나가 정책 담당자들과 토론하기도 하고, 국회 입법 활동에 영향을 끼치기 위한 노력도 지속해갔다.

이렇게 적고 보니 유학에서 돌아온 후 참으로 많은 일에 팔을 걷고 나섰다는 생각이 든다. 이 책에 글을 상재한 세 분 선배들과 무관하지 않다. 그래서 언제나 그들이 곁에 있어 주어서 고맙다. 낯선 미국 땅에서 밤을 새워가며 한국 사회의 변화를 꾀할 실천의 중요성을 나눈 덕에 그런 부지런함을 떨었던 게다. 앞에서 선배들은 제 활동을 소담하게 적어주었다. 그에 비하면 나의 기억은 허풍스럽고 요란해 부끄러울 지경이다. 그래서 약간의 변명을 달아두고 싶다.

● 원용진 · 유지나 · 심광현 편저, 『스크린쿼터와 문화주권』(문화과학사, 1999).

나 혼자 동분서주하지도 않았지만 그렇게 말하고픈 것도 아니다. 그 길을 걷던 중에는 같이 책을 읽어주고, 토론하는 이도 있었고, 혼자 걷는 길이 외로울까봐 발걸음을 맞춰주었던 동지도 있었다. 아직도 그들과 우정의 끈을 놓지는 않지만 글을 적는 동안에 그들의 이름과 행색을 일일이 기록하진 못했다. 운동하는 미디어 문화연구자로 만들어준 것은 그 수많은 친구들이다. 그들에게 늘 감사하는 마음을 지니고 있다. 여기 같이 책을 적은 세 분의 선배도 그런 이야기를 참을성 있게 들어주고, 용기를 주던 이들임은 물론이다. 간혹 의견이 맞지 않아 발끈해하던 나의 모습을 떠올리면서 부끄러웠던 적이 한두 번이 아니다. 한 선배께는 감정을 조절하지 못한 채 터무니없는 내용의 글을 보냈고, 이후 사과하는 못난 모습을 보여주기도 했다. 그래도 개의치 않고, 도와주고, 들어주고, 손뼉쳐주심에 감사의 말을 전한다.

원용진

미디어 숲에서
나를 돌아보다

ⓒ 이창근 · 강준만 · 조흡 · 원용진, 2016

초판 1쇄 2016년 5월 30일 찍음
초판 1쇄 2016년 6월 7일 펴냄

지은이 | 이창근, 강준만, 조흡, 원용진
펴낸이 | 강준우
기획 · 편집 | 박상문, 박지석, 박효주, 김환표
디자인 | 최진영
마케팅 | 이태준, 박상철
인쇄 · 제본 | 제일프린테크

펴낸곳 | 인물과사상사
출판등록 | 제17-204호 1998년 3월 11일

주소 | (121-839) 서울시 마포구 서교동 392-4 삼양E&R빌딩 2층
전화 | 02-325-6364
팩스 | 02-474-1413
www.inmul.co.kr | insa@inmul.co.kr

ISBN 978-89-5906-401-4 03300
값 13,000원

이 도서의 국립중앙도서관 출판시도서목록(CIP)은 서지정보유통지원시스템 홈페이지
(http://seoji.nl.go.kr)와 국가자료공동목록시스템(http://www.nl.go.kr/kolisnet)에서
이용하실 수 있습니다. (CIP제어번호: CIP2016013112)